현장중심형
영업관리

영 업 의 체 질 을 바 꾸 는

현장중심형
영업관리

김종선 지음

KMAC

변화하는 현장에서 답을 찾는 여우

"해외 우수 인력은 CEO가 직접 챙겨야 합니다."

하얀 와이셔츠를 입은 1,000여 명의 기업체 임원이 새벽같이 조찬 세미나에 참석해 강사의 말에 귀를 쫑긋하며 듣고 있다. 강사는 굴지의 회사 인사정책, 그중에서도 해외 우수인력의 관리에 대해 이렇게 강조하고 있다.

나는 물끄러미 주변 참석자들의 얼굴을 보며 생각해보았다.

과연 이 1,000여 명에 이르는 참석자 중 해외 우수인력 관리와 직접 관련 있는 사람이 얼마나 될까? 아니, 해외 우수인력을 채용하는 회사가 얼마나 될까?

일반적으로 회사에서 신입사원 채용 면접을 볼 때 빠지지 않는 질문 중 하나가 리더십이다. 그뿐 아니라 신입사원 교육에서도 리더십은 항상 중요하게 언급된다. 그렇다면 실제로 신입사원이 근무하면서 리더십을 발휘할 일이 얼마나 있을까?

두 사례의 원래 의도는 명확하다.

글로벌 대기업의 성공 사례나 경영전략은 다양한 방면으로 인사이트를 줄 수 있고, 비록 신입사원이라 할지라도 리더십으로 무장되어 일을 주도적으로 이끌어가는 사람은 귀감이 될 수 있기 때문이다.

그렇다면 우리가 마주하는 현장에서는 지금 어떤 일이 벌어지고 있을까? 좀 더 구체적으로 표현한다면, 항상 핵심역량이 무엇인지 깨닫고, 경제경영 서적이나 유명 컨설팅 회사에서 제시한 혁신방식을 이용해 현장을 끊임없이 바꾸어나가고 있을까?

불행하게도 현장에서는 그렇게 진행되고 있지 않다. 거대담론은 회사 슬로건이나 강의실에서 멈추어 있고, 대부분은 어제 했던 일을 오늘도 반복하면서 달라지길 기대할 뿐이다. 나는 그 이유를 '고슴도치와 여우'의 이야기에서 찾았다.

여우는 온갖 잔재주를 부려 지나가는 고슴도치를 유인한다. 그 결과 고슴도치는 막다른 골목에 빠져 여우에게 잡혀먹힐 위험에 처한다. 그때 고슴도치는 엄마 고슴도치가 알려준 최후의 강력한 무기인 온몸의 가시를 바짝 세워 위기를 모면한다. 결국 여우는 입맛만 다시면서 빈손으로 돌아설 수밖에 없다. 2,500여 년 전 그리스 우화에 등장한 고슴도치와 여우의 이야기다.

이후 이 이야기는 여우처럼 여러 가지 잡다한 잔재주는 쓸데없고, 고슴도치처럼 위력적인 한 가지 핵심 역량이 중요하다는 뜻으로 지금까지 내려오고 있다.

그러면 수많은 환경적 변화가 일어나고 있는 지금 현장에서도 고슴도치와 같은 생각과 행동이 절대적인 것일까? 예컨대 큰 방향을 정하는 데는 고슴도치처럼 핵심 역량에 주목하는 것이 맞다. 그렇다면 회사 기준으로 볼 때 그렇게 정해진 큰 정책, 제도, 원칙들이 영업 현장으로 내려갔을 때도 취지에 맞게 잘 적용될까?

안타깝게도 현장에서는 그와 같은 거대담론이나 거창한 슬로 건만으로 해결해나갈 수 없다. 왜냐하면 현장은 일정한 상태로 고정되어 있는 것도 아니고 모두가 똑같거나 한 제도가 모두 적용될 만큼 단순하지도 않기 때문이다. 현장에서는 어떻게 하면 목표를 100% 달성할 것인가에 모든 초점을 맞춘다. 즉 실적이 제일 중요한 포인트가 될 수밖에 없다. 고슴도치의 역할, 즉 전체에 적용될 큰 정책과 제도는 거기까지일 뿐이다. 실적은 단지 결과일 뿐이고 실제로 실적을 좌우하는 것들, 즉 선행 지표가 훨씬 중요한 포인트가 된다.

예컨대 보험영업에서 실적은 영업을 하는 플래너들에 의해 좌우된다. 그래서 그런지 본부장으로 부임해 처음 사업부 회의에 갔을 때, 회의 자료와 내용 중 플래너라고 하는 조직의 육성과 관련된 것이 80%를 차지했다.

그러나 아이러니하게도 현장에서 진행되는 실제 활동은 이와

달랐다. 즉 조직 육성과 관련된 활동은 전체 활동의 80%가 아닌 50%에 불과했던 것이다. 말로는 조직 육성이 중요하다고 했지만 실행은 그렇게 따라가지 않았다는 뜻이다. 나아가 본사에서 만들어지는 각종 회사 정책과 제도들은 이런 상황을 정확히 파악할 수도 없을뿐더러 설사 안다고 해도 너무 다양해서 조치하기가 힘들다.

나의 여우 사랑은 여기서부터 시작되었다.

상품이 변하고 고객이 변하고 경쟁 환경이 변하면서 과거의 방법이 맞지 않음에도 고슴도치처럼 그동안 전통적으로 해왔던 검증된 경험만 고수하는 조직에 여우론을 펼친 것이다.

여우는 과거에 옳았던 전통적인 방법만 사용하기보다는 우화에서 고슴도치를 잡을 때처럼 그 환경에 맞고 변화에 적응할 수 있는 방법을 찾는다.

경인본부에서는 그동안 습관적으로 조직 육성에 활동의 50%를 썼지만, 과거와 달리 변화된 환경, 즉 조직 육성이 더욱더 중요해진 상황에 맞게 전체 활동의 80%를 조직 육성에 투입하도록 한 것이다.

이후 현장 당사자들, 즉 사업부장, 지점장은 물론 코칭리더, 영업팀장, 플래너 들과 끊임없이 질문과 대화를 나누며 단순히 원칙만 외치는 것이 아니라 변화하는 환경에서 적용될 새로운 해결책을 함께 찾아 나갔다.

또한 늘 해왔던 일도 "왜?"라고 질문함으로써 현재에 맞는 본질을 찾고자 했고, 여우처럼 달라진 여건과 환경에 맞춰 "어떻게?"라고 주문해 고정관념을 벗어나는 유연성을 확보할 수 있었다.

신인 도입과 정착, 소개 시장, 개척 영업, 증권 분석 활동은 대부분 과거에도 있었지만, 이런 변화된 접근방법을 적용해 완전히 새로운 개념으로 재탄생한 결과물이다.

　나는 1년 6개월간 근무하면서 100여 차례 이상 지점장을 포함한 직원들과 일대일 점심식사와 3,000여 명에 이르는 플래너 중 1,500명 이상과 직접 식사와 대화를 하면서 현장에서 실적을 좌우하는 동인을 찾아 나갔다.

　이제 나는 "보험영업 현장이 어떻게 바뀌어야 하는가?"라는 질문에 "현장은 고슴도치처럼 거대담론과 고정된 생각만으로는 절대 움직일 수 없으며, 오히려 주어진 환경에 천착해 변화에 합당한 답을 찾아내는 여우처럼 활동해야 한다. 그래야만 정책이나 제도가 아니라 현장의 문화를 변화시켜 대량 증원 대량 탈락, 부실 계약 등으로 보험의 본질을 훼손하는 부정적 요소를 제거하고 올바른 보험영업 현장을 만들 수 있다"는 답을 얻었다.

　그러한 답을 현장에서 실제로 하나하나 찾아가는 과정을 이

책에 담았다. 보험 산업이 건강한 방향으로 한 걸음이라도 나아
가길 바라는 마음으로 이 글을 바친다.

2020년 4월

김종선

1장

본부장의 첫걸음 _

본질이란
무엇인가?

첫 회의

전날 경인본부에 부임해 직원들과 간단히 저녁식사를 한 뒤, 정식으로 출근한 첫날 첫 회의가 잡혔다. 6월 마감 후 8개 사업부 중 용인사업부의 회의가 오후 5시에 열린다는 지원부장의 보고가 있었다. 영업 현장을 떠난 지 20여 년 만에 본부장으로서 현장에 오니 약간의 걱정과 호기심이 교차했다.

"회의는 어떻게 진행하나?"

"본부장님께서는 그냥 계시면 됩니다. 사업부장이 보고하고 제가 진행할 거니까 본부장님께서는 끝날 즈음에 한 말씀 해주시면 됩니다."

본부 지원부장의 배려 섞인 말을 들으며 그럴 수도 있겠다는 생각이 들었다.

5시가 되어 용인사업부의 회의가 시작되었다. 회의실 책상 위에는 두꺼운 자료가 놓여 있었다. 언뜻 '이 많은 자료를 한 시간 회의에서 다 검토하나?' 하는 생각이 드는 가운데 사업부장의 절도 있는 보고가 20여 분간 계속되었다.

보고가 끝나자 지원부장의 주도하에 지표별로 상세한 질문이 이어졌다.

"장기 신계약 달성률이 지난달보다 떨어진 이유가 뭡니까?"

"이번 신상품 판매에 대한 경험이 미흡했던 것 같습니다."

"이번 달 신인 도입 달성률은 어떨 것 같습니까?"

"꼭 100% 이상 달성하도록 하겠습니다."

…….

"지난달에 부진했던 부분은 이번 달에 꼭 만회하도록 분발해 주시기 바랍니다. 오늘 회의는 이것으로 마무리하고 이번에 부임하신 본부장님의 말씀을 듣도록 하겠습니다."

지원부장의 안내에 따라 내 차례가 되었다.

그런데 사실 회의 내내 끊이지 않는 의문이 있었다. 아무리 20여 년 만의 영업 현장 회의라고 하지만 이해가 안 되는 부분이 있어 직접 물어보았다.

"지점장 여러분, 지난 한 달 사업부장과 함께 수고 많으셨습니다. 그런데 한 가지 궁금한 점이 있습니다. 이 회의 자료는 꽤 두

꺼운데 회의 중에 자료를 보니 내용의 약 80%가 영업 실적이 아닌 플래너, 즉 조직 육성과 관련된 것이더군요. 회의 또한 신인 도입 등 조직 육성과 관련한 내용이 80%는 되는 것 같은데, 제 말이 맞나요?"

"네, 보험의 모든 지표 중 조직 육성이 가장 중요한 선행 지표이기 때문에 그렇다고 생각합니다."

사업부장의 단호한 대답이었다.

"나도 그렇다고 생각하는데, 그럼 다시 한번 묻지요. 여러분은 하루 일과 중 조직 육성과 관련한 활동을 얼마나 하나요?"

"네, 시기에 따라 다르긴 합니다. 예를 들어 월 마감 주 같은 경우는 실적 위주로 일하지만 월초부터 중순까지는 신인 도입 등 조직 육성에 많은 신경을 쓰기 때문에 평균 50% 정도는 조직 육성 관련 활동을 하는 것 같습니다."

"그래요? 회의 자료와 회의 내용은 80% 이상이 조직 육성인데 활동은 왜 50%에 머물고 있는 거죠?"

"……."

대답하는 사람이 아무도 없었다.

이상한 의사결정 방식

회의가 끝나고 저녁을 먹으러 함께 식당으로 자리를 옮겼다. 실은 오전에 지원부장이 와서 물었다.

"본부장님, 오늘 회의 끝나고 회식 때 어떤 음식을 드시겠습니까?"

"용인사업부 직원들이 좋아하는 것으로 하지. 우리는 한 달 동안 열심히 일한 직원들 위로도 하고 격려 차원에서 가는 것 아닌가. 그러니 이후에도 나에게 묻지 말고 해당 지역 직원들이 원하는 것으로 정하지. 더구나 나는 아무거나 잘 먹으니 꼭 그렇게 해줬으면 좋겠네."

"네, 알겠습니다."

식당에 가서 보니 오리고깃집이었다.

지원부장과 사업부장이 번갈아 내 기분을 읽으려는 것 같아, 아무래도 한마디 해야 할 상황이었다.

"여러분, 지난 한 달 동안 수고 많았습니다. 용인사업부의 파이팅 덕택에 본부 실적이 좋았습니다. 모두 수고 많으셨습니다. 제가 알기로, 쇠고기는 가능하면 먹지 말고, 돼지고기는 있으면 먹고, 오리고기는 찾아서 먹으라는 말이 있습니다. 아마도 오리고기의 불포화 지방산 성분을 강조하기 위한 말인 듯한데, 식당 선택을 참 잘했네요. 자, 다 함께 듭시다."

"네, 고맙습니다."

모두 안도하는 표정을 지으며 식사를 했다.

그런데 이 회식 후 내가 가는 곳마다 식사 때 오리고기가 나왔다. 그래서 한 직원에게 경인본부 직원들은 오리고기를 좋아하는 모양이라고 이야기했더니, 의아한 표정으로 되물었다.

"본부장님이 오리고기를 제일 좋아하신다고 들었는데요?"

"내가? 난 그런 이야기 한 적 없는데?"

알고 보니 본부 첫 회식 때 오리고기를 준비한 용인사업부를 칭찬하려고 한 말이 본부장이 제일 좋아하는 음식이 오리고기라고 와전된 듯했다.

본부장의 한마디가 직원들에게 얼마나 큰 영향을 미치는지 보여준 대표적인 사례다.

그날 회식이 끝난 뒤 본부 스태프들과 따로 차 한잔하러 갔다.

"지원부장, 내일은 아침에 평택사업부 회의가 있지?

"네, 맞습니다. 내일은 본부로 출근하지 마시고 평택으로 직접 출근하시는 것이 좋겠습니다."

"그래야지. 그런데 말이야."

"네, 본부장님."

"회의를 아침에 하면 평택사업부하고는 그날 식사를 같이 못 하는 건가?"

"그렇습니다. 회의가 끝난 후에도 계속 근무해야 하니까요. 그렇다고 저녁까지 기다려서 식사를 하는 것도 맞지 않고요."

"그럼 어디는 회의를 아침에 하고 어디는 점심, 어디는 저녁에 하는 거잖아? 그건 누가 정하는 건가?"

"그건 임의로 하지 않고 룰을 정해서 하고 있습니다."

"룰이라니, 어떤 룰?"

"당월 마감을 기준으로 잘한 순서대로 저녁, 점심, 아침 시간으로 정합니다."

"엉? 그럼 실적이 좋은 사업부는 매번 저녁시간에 회의하고 나서 회식을 하고, 실적이 나쁜 사업부는 매번 아침에 회의하고 회식도 없다는 뜻인가?"

"네, 영업 특성상 잘한 사업부는 그만한 대우를 해주고 부진한 사업부는 자극을 줘서 다음 달엔 꼭 좋은 성과를 내도록 독려하는 취지로 그렇게 하고 있습니다."

나는 이 말을 듣고 매우 놀라고 당황스러웠는데 지원부장은 너무 당연하다는 듯이 말했다.

실적이 나쁘다고 아침에 꾸지람 듣는 것도 모자라 회식도 없다면 과연 긍정적인 동력을 끌어낼 수 있을까?

일단 내일 평택에서 보자고 한 뒤 헤어졌다.

지점장의 일과

아침에 평택으로 직접 출근하니 용인사업부와 같은 형태의 회의 준비가 되어 있었다.

"좋은 아침입니다."

"모두 반갑습니다. 그럼 회의를 시작합시다."

평택사업부장의 실적 보고에 이어 지원부장이 항목별 질문을 시작하려고 했다.

"오늘은 이 부분부터 본부장인 제가 진행해볼까 합니다. 지원부장은 회의 말미에 필요한 전달사항만 얘기해주면 어떨까요?"

"네, 그렇게 하시죠."

지원부장이 의아한 표정을 지으면서 대답했다.

"우선 한 달 동안 수고 많았습니다. 각 지표는 사업부장이 상세하게 설명했고 자료에도 있기 때문에 특별히 언급할 것이 없다면 제가 지점장들과 대화하는 시간으로 회의를 진행할까 합니다. 혹시 사업부장은 지금 추가 보고할 것이 있나요?"

"아닙니다, 없습니다."

"좋아요, 그럼 P 지점장한테 질문해보겠습니다. 지점장으로 근무한 지 얼마나 됐나요?"

"네, 지점장 경력은 5년 되었습니다."

"그렇군요. 그럼 P 지점은 언제 왔나요?"

"올 1월에 부임했습니다."

"지점장의 하루 일과는 어떻게 진행되나요?"

"지난주까지는 마감 때라 일과 대부분이 실적을 챙기는 것이었습니다. 새달이 되면 월 영업전략을 짜고 신상품 교육하고, 때에 따라서는 플래너들과 동반 영업을 가기도 합니다. 또한 월초에는 특별히 신인 도입에 신경 쓰고 있습니다."

"그렇게 일하다보면 한 달이 훌쩍 지나간다는 생각이 들겠네요."

"네, 그런 것 같습니다."

"현재 P 지점의 가장 큰 애로사항은 뭐라고 생각합니까?"

"대부분의 지점과 마찬가지로 저희도 신인 도입이 제일 어려운 상황입니다."

"그러면 신인 도입을 위해 지점장은 어떤 일을 하고 있나요?"

"저는 주로 영업팀장님들과 신인 도입 계획을 수립합니다. 시책 등 지원제도도 만들고 교육도 하지만, 결국 플래너들이 신인 도입 활동을 적극적으로 해야 결과가 나온다고 생각합니다."

"그럼 P 지점은 플래너들이 신인 도입을 적극적으로 하지 않는다는 뜻인가요?"

"아, 그건 아니고, 다들 열심히 하는데 결과가……."

모두가 실적의 선행 지표는 신인 도입이라고 이구동성으로 말한다.

그러나 이곳 또한 용인사업부와 마찬가지로 마감 때는 실적에 매달리고, 월초가 되면 "도입! 도입!"만 외쳐대며, 신인들의 자격시험 합격 숫자 채우는 데 급급해한다. 그렇게 부실한 과정으로 입사한 플래너들은 또 얼마 못 가 탈락하니 아무리 많이 도입되더라도 지점의 전체 플래너 숫자는 늘어나지 않는다.

그런 일이 반복되어 보험영업에서 대량 증원 대량 탈락이라는 오명을 쓰게 되는 것이다.

활동의 80%를 조직 육성으로 하자!

8개 사업부의 순회 회의를 마치고 본부 스태프들과 이야기를 나눴다.

"지원부장."

"네."

"회의 첫날 이야기한 80%에 대해 어떻게 생각하나?"

"지점장의 활동 중 80%를 조직 육성에 써야 된다는 말씀 말이죠?"

"맞아, 용인사업부뿐만 아니라 모든 사업부가 회의 내용을 포함해 조직 육성, 특히 신인 도입에 많은 신경을 쓰는 것처럼 보이는데, 실제 활동량과 상당한 괴리가 있다고 느껴지거든."

"네, 말씀을 듣고 보니 생각하는 것과 활동하는 것에 큰 차이가 있었다는 생각이 듭니다."

"실제로 점포의 성과란 모두 플래너가 만드는 거니까, 성과를 많이 내는 능력 있는 플래너가 많이 입사하고, 또 그런 플래너들이 활동을 잘할 수 있도록 육성 체계를 만들면 그것이 곧 본부의 성과로 나타나지 않겠나?"

"네, 그렇게 되면 조직 육성 상황만 보고도 점포의 체력을 알 수 있으니 무리하게 실적 타박을 할 일도 없겠네요."

"빙고! 바로 그거야. 내가 이번 회의 때 실적과 관련해서 한 마디도 하지 않은 이유가 바로 그거야."

"사실 지점장들은 이번 회의를 어떻게 받아들여야 할지 많이 혼란스러워했습니다. 특히 실적이 저조한 지점장들에게도 실적과 관련해서 전혀 질책하지 않으셨으니까요. 그런데 말씀을 듣고 보니 실적의 선행 지표가 되는 조직 육성에 포인트를 맞추신 거군요."

"그렇지, 실적을 올리는 플래너의 인원과 역량으론 80%밖에 못하게 되어 있는데, 왜 실적을 80%만 달성했냐고 꾸짖으면 그 지점장은 어떤 생각을 할까? 결국 다음에는 실적을 만들어오라는 이야기로 들릴 수밖에 없지 않을까?"

"맞습니다. 그래서 부진한 지점일수록 계약 건전성까지 나빠지는 악순환이 나타납니다."

"그래, 그러니까 본부도 실적을 챙기는 것이 아니라 조직 육성을 챙기는 것이 맞겠지."

"알겠습니다. 그러면 이번 회의 결과를 이렇게 정리해서 각 사업부에 전달하겠습니다. '우리 본부는 활동의 80%를 조직 육성에 집중한다!'"

지점장들의 의견 듣기

월말이 다가오면서 다음 달 초에 있을 회의 방향을 잡고자 지원부장이 방으로 들어왔다.

"본부장님, 다음 달 회의 방향에 대해 하실 말씀 있으십니까?"

"아, 우리가 지난번에 활동의 80%를 조직 육성으로 하자고 했지?"

"네, 그렇습니다. 사실 본부장님께서 말씀하셨듯이 이미 자료 상으로는 조직 육성 관련 자료가 많이 포함되어 있습니다."

"내 생각에는 지표도 중요하지만 지점장들의 생각이 더 중요한 것 같아."

"생각이라면…… 지점장들의 의견 취합 같은 걸 말씀하시는 건가요?"

"그렇지! 바로 그거야! 우리는 궁합이 잘 맞는 것 같아, 하하."

"그런데 조금 우려되는 것이 있습니다."

"어? 뭔데?"

"마감 후 다음 달 초에 바로 회의를 하기 때문에, 그동안 지점장들의 마감 활동 시간을 빼앗지 않기 위해 회의 자료 대부분을 본부 스태프들이 만들었습니다."

"좋아, 그러면 이렇게 하면 어떨까? 예컨대 조직 육성이 중요하다고 하지만 각도를 좀 더 좁혀서 보면, 여기에 또 중요한 선행 지표가 될 수 있는 것이 있지 않을까?"

"신인 도입이 거기에 해당합니다."

"오케이! 그러니까 이번 회의는 신인 도입에 초점을 두고, 지점장들이 지난 한 달 동안 신인 도입을 위해 어떤 활동을 했는지 물어보면 어떨까?"

"네, 그러면 각 지점장에게 한 달 동안 신인 도입을 위해 활동한 제목을 세 개씩 전달해달라고 하면 될 것 같습니다."

"또한 이것 때문에 좌고우면하지 않도록 3일만 말미를 주면 좋겠고, 회의 자료에는 그 내용을 취합해서 만든 통계자료가 들어갔으면 좋겠네. 예컨대 본부 내 44개 지점이 신인 도입을 위해 활동한 제목을 3개씩 제출하는 거니까 총 132개가 만들어지는 것 아닌가?"

"네, 개수는 132개지만 활동 제목은 동일한 것이 많을 것 같습니다."

"맞아, 그래서 통계를 내보면 예컨대 '도입 화법 개발'은 3개 지점에서 했고, '플래너 면담'은 10개 지점이 했다고 나오겠지. 그런 전체 통계를 보면 지점장들 스스로 자신의 활동과 비교할 수 있고, 새로운 활동에 대해 배울 기회도 되겠지."

"네, 지점장들이 마감 활동에 영향을 받지 않도록 양식을 만들지 말고 통화나 문자로 활동 제목만 확인해서 자료를 만들겠습니다."

또한 회의 방식에도 변화를 주었다. 지난달 실적을 기준으로 잘한 곳은 저녁이나 점심시간과 맞추어 회의를 하고 부진한 곳은 아침에 하는 방식은 오히려 회의 취지를 왜곡시킬 수 있다는 생각이 들었다. 따라서 이번 달부터 실적과 상관없이 회의를 돌아가면서 아침, 점심, 저녁에 하도록 변경해 실적으로 인해 회의 분위기가 좌우되는 폐단을 없앴다.

신인 도입을 위해 어떤 활동을 하는가?

부천사업부에서 열리는 회의 날이었다.

"지금부터 부천사업부 회의를 시작하겠습니다."

시작 전에 보고를 간단히 하라고 지시했다. 사업부장은 차분한 어조로 10여 분간 주요 지표 위주로 보고했다.

"오늘은 여러분이 제출해주신 지난달 도입 활동 내용을 가지고 이야기를 나누겠습니다. 특히 본부 전체 통계자료를 보면 다른 지점장들이 어떤 활동을 했는지 참고할 수 있을 겁니다. 자, 그럼 C 지점장부터 해볼까요? C 지점장은 지난달 신인 도입을 위해 어떤 활동을 했나요?"

"네, 저는 맞이 행사를 했습니다."

"맞이 행사요? 구체적으로 어떤 건가요?"

"네, 지점 플래너들이 아침 일찍 출근하다보면 식사를 못 하는 경우도 있고, 여러 가지 이유로 마음이 무거운 상태로 출근할 수도 있습니다. 그런 마음으로 아침을 시작하면 영업에도 도움이 되지 않습니다. 그래서 저와 총무가 조금 일찍 출근해서 간단히 샌드위치와 음료를 준비하고 어떨 때는 김밥을 준비하기도 했습니다. 출근하는 플래너들과 하이파이브도 하면서 분위기를 밝게 하고, 새로 일할 분들도 모셔오자고 이야기하면서 하루를 시작하는 방법입니다."

"아, 그렇군요. 제가 영업소장으로 일할 때는 없었던 용어라 생소해서 물었던 겁니다. 그래서 효과가 좀 있었나요?"

"네, 전에는 출근하면 조용히 자기 자리에 앉아 필요한 일을 하기 시작했는데, 사무실 입구에서부터 하이파이브를 하면서 시작하니 분위기가 활기찬 것 같았습니다. 그래서 당분간 수요일마다 계속해볼 생각입니다."

"좋습니다. 다음 회의 때 성공사례로 발표되었으면 좋겠습니다. 다음 Y 지점장은 어떤 활동을 했습니까?"

"네, 저는 플래너들과 하루 세 분씩 면담을 해보았습니다."

"아, 그래요? 그런데 지점장이 플래너들과 면담하는 것은 일상적인 일 아닌가요?"

"네, 물론 과거에도 면담을 했죠. 그때는 필요할 때마다 했기 때문에 어떤 플래너는 한 달 내내 한 번도 면담을 못 하는 경우가 종종 있었습니다. 그래서 이번엔 미리 면담 일정을 안내해 서로 준비된 상태에서 면담할 수 있도록 방법을 변경했습니다."

"그렇게 했더니 어떤 결과가 나왔나요?"

"예고하고 면담을 하니 서로 시간관리가 된다는 점이 좋았습니다. 마음의 준비도 되어 필요한 부분을 자세히 이야기할 수 있었고요."

"긍정적인 부분이 많았다는 이야기네요."

"네, 물론 애로사항도 있었습니다. 예를 들어 면담이 불편한 분들은 아프다거나 급한 계약이 생겼다면서 면담 자체를 회피하는 경우도 있고요. 무엇보다 지점장과 정식적인 면담을 한다니까 잘못한 부분을 지적할지 모른다는 생각에 분위기가 경직되어 제가 일방적으로 이야기하고 끝나는 경우도 있었습니다."

"그렇군요. 그럼 그런 문제를 어떻게 해결할 생각인가요?"

"우리 본부 내에서 성과도 좋고 면담을 잘하는 지점장을 찾아가 벤치마킹해볼까 합니다."

"참 좋은 생각입니다. 혼자 고심하기보다는 같은 일로 경험이 많은 동료를 찾아가서 실제로 하는 모습을 보면 많은 도움이 될 거라 생각합니다. 다음 회의 때는 밴치마킹 내용도 소개해주기 바랍니다."

"네, 알겠습니다."

우리는 왜 이 일을 할까?

이렇게 부천사업부 회의는 과거에 하던 방식, 즉 사업부와 각 지점이 한 달 동안 해온 실적들을 종목별로 분석하고 달성률에 따라 칭찬과 질책을 하던 것과 달리, 간단히 실적 현황만 공유하고 바로 중요하다고 생각되는 업무(이번에는 신인 도입)에 대해 집중적으로 의견을 나누었다.

"자, 모든 지점장과 40여 분간 신인 도입이라는 주제로 이야기를 나눠보았습니다. 보험에서 제일 어렵다는 것이 '도입'이지만 이렇게 본부장과 직접 대화를 나누었는데, 지점장 경험도 많고 특히 본부에서 정책을 수립해 실행한 경험도 있는 H 지원팀장이 대표로 느낌을 말해주겠습니까?"

"네, 그럼 제가 말씀드리겠습니다. 우선 회의 시작 전에 본부에서 보내준 통계자료, 즉 44개 지점장이 한 달 동안 신인 도입을 위해 활동한 제목을 취합해서 제일 많이 활동한 순으로 만들어진 자료를 보고 사실 깜짝 놀랐습니다. 제가 지점장도 했고 본부 팀장도 해보았지만 본부 전체 지점장이 신인 도입을 어떤 식으로 하는지 이처럼 구체적인 숫자로 본 것은 처음입니다. 이 자료를 보면서 그동안 내가 어떤 부분을 간과하고 있었는지, 그리고 다른 지점장들은 어떤 식으로 활동하는지 깨달았습니다. 또한 회의에서는 그 활동에 대한 취지를 질문하고 그 장단점을 서로 주고받았는데, 경험이 많다고 자신했던 저도 이렇게 깊이 이야기해 본 적이 없고 그저 선배 동료들의 경험을 토대로 일했다는 것을 깨달았습니다. 이제부터는 이 일을 왜 하는지 좀 더 깊이 생각할 것 같습니다."

"그래요. H 팀장이 아주 중요한 말을 했습니다. 우리가 왜 이 일을 해야 하는지 생각하면 많은 부분에서 해야 할 일과 하지 말아야 할 일을 자연스럽게 구분할 수 있습니다. 오늘은 그런 배움을 갖고 회의를 정리합시다. 모두 수고 많았습니다."

신인들의 계약 유지율이 나쁜 이유

8개 사업부 모두 같은 주제로 회의를 진행했다. 회의가 진행될수록 신인 도입 활동 내용이 점점 구체화된다는 것을 느끼고 있었는데, 지원부장이 우려 섞인 보고를 했다.

"본부장님, 오늘은 좋지 않은 지표를 보고드려야겠습니다."

"뭐지?"

"신인들이 체결한 계약 유지율이 좋지 않습니다."

"신인들의 계약 유지율?"

"네, 회사에서는 신인들의 계약 중 7회 차 된 계약의 유지율을 따로 관리하는데 8개 본부 중 우리 본부가 7등을 했습니다."

"경인본부가 전통적으로 조직이 탄탄하다는 이야기를 많이 하는데, 이건 의외의 결과네."

"네, 신인이 많이 입사해 계약이 많지만 이와 동반해 부실한 계약도 많습니다."

"그럼 기존 플래너들의 7회 차 유지율은 어떤가?"

"네, 그 부분은 3~4등 정도이니 좋다고 볼 수는 없지만, 신인들만큼 문제는 아닙니다."

"그럼 이 문제를 어떻게 해야 할까?"

"이번엔 조금 대대적으로 관리하려고 합니다."

"대대적으로 관리한다?"

"네, 우리 본부 총무들이 대부분 능력이 뛰어나긴 한데 이 부분에선 부진해서 지점별로 신인들의 계약, 그중에서도 7회 차가 도래하는 계약을 모두 발췌해 총무들이 직접 관리하도록 하겠습니다."

"어떻게 관리하려고 하나?"

"우선 사업부별 대표 총무를 모아 현재 상황을 설명한 뒤 목표를 주고 시책을 부여해 플래너 스스로 계약이 탈락하지 않게고객관리에 집중하도록 하겠습니다."

"그렇게 하면 바람직한 결과가 나올까?"

"아무래도 해당 플래너들은 자기 계약자들에게 계약이 유지되도록 더욱 밀착관리하고, 총무들은 리스트를 통해 매일 관리하다보면 실수로 계약이 탈락하는 것을 방지할 수 있지 않을까 생각합니다."

"관리를 통해 미리 탈락할 가능성이 있는 계약이나 통장 등이 바뀌어 의도치 않게 탈락하는 것을 방지할 수는 있겠지만 좀 더 근본적인 부분을 봐야 하지 않을까?"

"근본적인 부분이라면?"

"7회 차 계약 유지라면 계약 후 불과 7개월 만에 탈락한다는 것인데, 특히 신인들의 7회 차 유지율이 유난히 나쁜 이유가 뭘까?"

"그건 아마도 신인들의 정착률과 밀접한 관계가 있을 것 같습니다."

"좀 더 풀어서 이야기한다면?"

"신인들의 계약이 탈락하는 예 중 계약자가 불가피하게 계약을 해지하는 경우가 있는데, 이런 일은 기존 플래너들의 계약에서도 마찬가지입니다."

"그렇겠지."

"다만 신인들은 제대로 정착하지 못해 몇 개월 후 일을 그만두는 일이 생기는데, 이럴 경우 그 신인의 계약도 덩달아 탈락하는 상황이 벌어지곤 합니다. 아마 이것이 더 큰 영향이라고 생각합니다."

"나도 그 생각에 전적으로 동의해. 그러니까 신인들이 정착을 잘하면 계약 유지도 잘되지만 정착을 못해 일을 그만두면 계약도 함께 탈락하는 경우가 많아 신인들의 계약 유지율이 나빠진다는 거겠지."

"맞습니다."

"그러면 우리 신인들의 나쁜 유지율은 결국 신인들의 낮은 정착률이 원인이란 이야기가 되니, 신인들의 정착률을 높이는 것이 유지율 상승의 주된 대책이 되어야겠군."

"네, 방향을 그렇게 잡아야 할 것 같습니다."

"한 가지 더."

"네?"

"우리 본부가 실적은 1위인데, 아까 말한 것처럼 기존 플래너들의 7회 차 유지율도 3~4등이라면 본부의 위상과 차이가 나는 것 같은데?"

"네, 우리 본부가 신계약 체결은 강하지만 유지율은 상대적으로 부진한 것이 사실입니다."

"내가 여기 와서 지난 한 달 동안 영업 진도를 보며 의아했던 것이 있었네."

"어떤 부분이 의아하셨습니까?"

"한 달 중 중순까지는 실적 진도가 거의 6~7등 하다 월말에 다가가면서 서서히 올라가고, 결국 마감 하루 정도 남겨놓고 1등으로 올라서더란 말이지?"

"네, 저희가 뒷심이 좀 있는 편입니다, 하하."

"그래, 뒷심이 있어 보이는 것 같긴 한데, 그런 현상은 다른 측면으로 해석해볼 수도 있지 않을까?"

"다른 측면이라니요?"

"예를 들면 한 달 내내 고르게 영업한다면 고르게 실적이 들어올 텐데, 우리는 그렇지 않다는 뜻이 될 수도 있지 않은가?"

"네, 사실 저도 매달 중순까지 진도가 답답하게 나가 월말쯤에는 하루종일 사업부들과 전화통 붙잡고 씨름하는 통에 진이 빠지곤 합니다."

"게다가 월말까지 실적이 미흡하다보니 다른 일, 예컨대 그렇게 중요하다고 하는 조직 육성은 생각도 못 하고 오로지 실적 독려만 하다보니 마감을 위해 어쩔 수 없이 급조된 시책을 사용하는 것 아닌가?"

"맞습니다."

"더 문제는 그렇게 계약이 월말에 몰리다보니 계약 건전성에

현장중심형 영업관리

38

도 나쁜 영향이 있을 것 같다는 거지.”

“실은 저희 실무자도 늘 그 걱정을 하고 있습니다. 그러고 보면 우리 본부의 7회차 유지율이 좋지 않은 이유를 여기서 찾을 수도 있을 것 같네요.”

“나도 그렇게 생각해.”

“그럼 시책이나 여러 부분을 다시 검토해서 월말에 계약이 집중되는 부분을 해소하는 방법을 검토해보겠습니다.”

“그렇지! 그게 정답이야~ 하하.”

이런 토론 끝에 우리는 본부가 고질적으로 안고 있는 열악한 계약 유지율을 제고하기 위해 두 가지 방향을 잡을 수 있었다.

첫째, 신인들의 계약 유지율 제고는 계약 관리도 중요하지만 신인들의 정착률을 높이는 것이 더 근본적인 방법이다.

둘째, 본부 전체 유지율을 높이기 위해서는 월말에 집중되는 계약 관행을 바꿔야 한다.

그중 미진한 달성률 때문에 계약 독려를 하느라 스폿성 시책이 월말마다 반복적으로 제시되었으나, 이젠 월말에 아예 시책을 하지 않기로 했다.

월말에 무리하게 계약하고, 이 계약이 초기에 탈락해 유지율이 나빠지는 악순환이 되곤 했는데, 그 고리를 끊고 오히려 월초에 특별 시책을 제시해 월초부터 영업 활동이 정상적으로 이루어지도록 했다.

이 방식은 수개월 지난 뒤 유지율이 정상궤도로 진입하는 발판이 되었다.

도입의 선행 지표는 정착?

다시 한 달이 지나가고 있었다.

이제 본부의 사업부장과 지점장들은 실적의 선행 지표가 조직 육성임을 분명히 인식했다. 따라서 조직 육성을 위한 활동, 특히 신인 도입에 대한 구체적인 활동에 많은 신경을 쓰기 시작했다.

본부 K 팀장이 방으로 들어왔다.

"본부장님, 이번 달 사업부 회의 때도 지난번과 같이 지점장 의견을 취합할까요?"

"물론이지. 다만 이번에 취합한 자료를 지난달에 만든 자료와 비교해서 표를 만들면 좋겠어."

"아, 그러면 예컨대 지난달에는 맞이 행사를 7개 지점이 했는데 이번 달에는 10개 지점이 시행했다는 것을 비교해볼 수 있게 하자는 말씀이지요?"

"와, K 팀장은 내 마음까지 읽고 있나봐? 하하."

"실은 회의와 관련해 지점장들한테서 여러 가지 이야기가 있었습니다."

"회의 관련? 왜 무슨 문제라도 있나?"

"그게 아니고요, 한 고참 지점장이 '내가 지점장 15년 동안 이런 회의는 처음 해봤다. 본부장님이 부진한 실적을 낸 지점장에게조차 실적과 관련해 한마디도 안 하시고 오직 조직 관련 질문만 하시더라'면서, 그럼 다음 회의는 어떻게 하실까? 하는 이야기를 들으며 저도 예상해봤거든요."

"오, 그러니까 K 팀장은 내가 실적과 상관없이 계속 조직 육성에 방점을 찍을 거라 예상했다는 거네? 돗자리를 깔아도 되겠어. 하하."

"네, 돗자리 깔겠습니다. 하하."

"좋아, 내일 부평사업부에서 보자고."

다음 날 아침 부평사업부에서 회의가 시작되었다.

"B 지점장, 지난달에 중점적으로 활동한 것이 '도입연구회'였네요. 어떤 내용이지요?"

"네, 저희 지점 플래너는 모두 마흔다섯 분입니다. 그중 신인 도입에 능력이 있거나 관심 있는 일곱 분으로 '도입연구회'를 만들어 일주일에 세 번씩 미팅을 했습니다."

"그러면 그 미팅에서는 무엇을 했나요?"

"네, 주로 자신들이 도입과 관련해 활동한 내용을 발표하며 정보를 공유하고 서로 도울 수 있도록 했습니다."

"이야기를 듣다보니 궁금한 것이 있네요. 그럼 B 지점에서는 신인 도입 관련 활동을 하는 분이 그 일곱 분뿐인가요, 아니면 마흔다섯 분 모두인가요?"

"네, 물론 아침에 하는 정보 미팅 때 지점 전체 플래너께 신인 도입의 필요성을 이야기하지만, 실제로는 말씀드린 일곱 분이 다 한다고 보면 됩니다."

"그러면 지점의 신인 도입 활동이 상당히 제한적일 텐데 그렇게 된 이유는 뭔가요?"

"사실 일곱 분을 제외한 다른 분들도 과거에는 다 신인 도입 활동 경험이 있습니다."

"그런데요?"

"과거에 신인 도입 활동을 해서 입사한 분들이 잘 정착했을 때는 상관없었는데, 영업이 잘 안 되거나 나아가 퇴사하게 될 때, 음으로 양으로 입사를 권유하신 분이 부담을 많이 느껴 결국 도입 활동을 아예 안 하는 경우가 많습니다."

"그럴 수 있겠네요. 그러면 일곱 분만 가지고 지점의 조직 육성과 실적 달성이 가능할까요?"

"그래서 매우 어려운 상황이 지속되고 있습니다."

"그러면 지점 전체 플래너가 동참할 수 있는 방법을 찾는 것이 가장 중요한 포인트일 것 같은데요? 예컨대 앞서 지점장이 이야기한 말 속에 답이 있지 않을까요?"

"제 말 속이라면?"

"입사한 플래너가 정착했을 땐 문제가 없었는데 정착이 안 되면서 불협화음이 생기고, 나아가 아예 도입 활동을 안 하겠다고 하더라는 거잖아요?"

"맞습니다."

"그럼 신인 도입의 핵심 선행 지표는 도입 활동이 아니라 '정착'이 되어야 하는 것 아닌가요? 사업부장은 이 문제에 대해 어떻게 생각해요?"

"네, 신인 도입도 중요하고 정착도 중요해서 모두 각각 잘하도록 했는데, 그런 식으로 접근해보니 신인 도입보다 정착이 훨씬 중요한 부분이라 생각됩니다. 아니, 정착이 안 되면 신인 도입은 아무 소용 없는 것처럼 느껴지는데요?"

"그렇습니다. 우리 보험영업 특성상 플래너들은 많은 사람을 만나지요. 그런 만남 속에서 고객이 창출되기도 하고 구직하는 사람에게 입사를 권유하기도 합니다. 그래서 다른 업종과 달리 입사 광고보다는 플래너들의 도입 활동으로 입사하는 것이 일반적인 형태인데, 플래너들이 입사 권유를 원활히 하기 위해서는 입사한 사람들이 회사를 얼마나 잘 다니는가, 즉 정착을 잘하는가가 관건일 수밖에 없겠지요."

"네, 저도 B 지점을 2년간 맡으면서 플래너들한테 회사에서 정착을 잘 시킬 수만 있다면 많은 사람을 소개할 수 있다는 이야기를 지속적으로 들어왔습니다."

"그렇지요. 플래너 입장에선 가능한 많은 사람을 소개할 환경이 조성될 때 도입 활동을 적극적으로 할 것이고, 회사는 그런 사람이 많이 와야 그중 영업에 맞는 사람을 선택할 여유가 생기겠지요. 가뭄에 콩 나듯 소개되면 도입 목표 달성에 급급해 어울리지 않는 사람까지 억지 춘향식으로 입사시키고, 그러다보니 탈락이라는 악순환이 반복되는 것 아닌가요?"

"네, 그렇게 생각합니다."

"좋아요. 오늘 회의는 도입과 정착이 어떻게 연결되는지 명확하게 밝혀주는 시간이었네요. 회의는 이것으로 마치고 지원부장은 이런 취지의 내용을 각 사업부에 전달해주기 바랍니다. 수고 많았습니다."

"수고 많으셨습니다."

우리 업의 본질은 무엇인가?

회의를 마치고 차를 타고 오면서 지원부장이 보고했다.

"본부장님, 내일 있을 콘퍼런스에 따로 인사말을 준비할까요?"

콘퍼런스는 한 달에 한 번씩 사업부장, 지점장, 교육실장 등 90여 명이 참석하는 본부의 가장 큰 규모 행사 중 하나로 한 달 영업 결과에 대한 시상 및 교육과 더불어 주요 정책을 전달하는 기회이기도 하다. 그래서 나는 이곳에서 경인본부만의 문화를 만들어가고자 인사말을 직접 작성해왔다.

"아니, 지난번처럼 내가 직접 준비할게."

다음 날 오후 4시부터 시작된 콘퍼런스에서는 특별히 신상품 교육과 본사 정책 전달이 진행되었고, 이것이 다 끝난 후 내 발언 시간이 이어졌다.

여러분, 지난 한 달 동안 수고 많았습니다.

오늘은 제가 얼마 전 한 조찬 모임에서 있었던 이야기를 해볼까 합니다.

저와 자리를 함께한 모 유통업체 회장께서 계열사 대표들과 회의했던 내용을 말씀하시더라고요.

자신과 마주 앉은 베이커리 대표에게 물었다고 합니다.

"K 대표는 베이커리라는 업의 본질이 뭐라고 생각합니까?"

그러자 갑작스러운 질문에 크게 당황한 K 대표는 입지조건, 직원 수준, 서비스 등이라고 두서없이 이야기하더랍니다.

그래서 본인이 이렇게 이야기했답니다.

"내가 생각하는 베이커리란 업의 본질은 김탁구다!"

일순간 모두 조용해지더랍니다.

"김탁구가 누군지 아시지요? 드라마 〈제빵왕 김탁구〉에 나온 김탁구를 이야기하는 겁니다. 김탁구가 누굽니까? 그는 절대미각을 가지고 있지요? 어떤 맛도 구별해내는 절대미각요. 결국 베이커리란, 맛이 본질이고 나머지는 모두 데커레이션일 뿐입니다."

그 말씀을 들으면서 괜히 회장이 아니구나 하는 생각을 했습니다.

그러면 제가 여기서 이야기해보겠습니다.

우리가 하고 있는 보험영업이란 업의 본질은 무엇이라고 생각합니까?

저는 본사에서 정책 업무를 하면서 스스로 질문해본 적이 있습니다. '보험이란 업의 본질은 무엇일까?'라고요. 그리고 우리 보험이란 업의 본질은 '리스크'라고 스스로 답을 찾았습니다.

우리는 '위험이 있는 곳에 보험이 있다'라는 말을 자주 하곤 하지요. 즉 보험은 리스크를 다루는 곳이라고 할 수 있지요. 지구상에 리스크가 있는 한 보험은 있을 수밖에 없으니, 이것이 곧 보험업의 본질이 되는 겁니다.

사적인 이야기지만 카톡을 쓴 이후 저는 카톡 화면에 '세상 모든 리스크를 감당할 수 있을 때까지'라고 써놓았습니다. 보험과 리스크는 한 몸이라는 생각 때문입니다.

다시 원래 질문으로 돌아가서, 그러면 우리 보험영업이란 업의 본질은 무엇일까요?

오늘은 제가 강단에 서 있으니 제가 스스로 이야기해보겠습니다.

저는 보험영업이란 업의 본질은 '사람'이라고 생각합니다.

여기 있는 사업부장, 지점장 들은 하루종일 누구와 업무를 합니까?

여러분에게 부여된 영업 목표는 누가 이룹니까?

바로 플래너지요. 그러니 플래너가 없으면 여러분도 없는 겁니다. 반대로 훌륭한 플래너가 많으면 걱정할 것이 없겠지요?

그것뿐일까요?

플래너들 또한 어떻게 계약을 체결합니까? 고객이 있어야 계약을 체결할 수 있습니다. 그러니 고객이 없으면 플래너의 존재도 없는 겁니다.

결국 사람이 답인 겁니다.

본부는 훌륭한 사업부장과 지점장이 답이고, 사업부와 지점은 훌륭한 플래너가 답이고, 플래너에겐 고객이 답인 겁니다.

그래서 우리 업의 본질은 '사람'인 겁니다.

지난 몇 개월 동안 회의 주제가 도입되고 정착된 것은 그런 의미에서 너무나 당연한 일입니다.

업의 본질은 이렇게 우리가 왜 이 일을 해야 하는가에 중요한 근거를 제시해줍니다.

고맙습니다.

콘퍼런스가 끝나고 저녁 식사 후 몇몇 직원과 간단히 차를 마셨다.

"본부장님, 사실 저는 업의 본질이란 단어를 듣고 마치 큰 방망이로 머리를 쿵 맞은 듯한 충격을 받았습니다."

한 사업부의 고참 팀장이 말을 꺼냈다.

"주요 정책은 회사에서 정해주니 저는 하루하루 거기에 맞게 열심히 일만 하면 된다고 생각했는데, 제가 영혼 없이 일해왔다는 생각이 들더라고요."

"아이고, 일등 팀장이 너무 겸손 모드로 가는 거 아닌가? 하하.”

“아닙니다. 말씀하신 업의 본질이란 단어가 제가 하고 있는 일에 대해 새로운 관점을 갖게 해주었습니다.”

“새로운 관점이라……. 이제 철학으로까지 가네? 하하, 그래 그 이야기 좀 들어볼까?”

“어쩌면 지난 2개월간 본부장님께서 질문하신 것과 맥을 같이하는 것 같습니다. 예를 들어 얼마 전까지만 하더라도 조직 육성이 중요하다면서 실은 실적 관리에 훨씬 많은 시간을 보냈다거나 정착이 안 된다면 아무 의미 없을 수 있는 도입 목표를 채우기 위해 그냥 진행한 경우가 있는데, ‘이 일의 본질은 뭐지?’란 질문에 시각이 완전히 달라졌으니까요.”

“우아, 마치 고해성사를 하는 것 같네.”

“부끄럽지만 그런 면에서 답답했던 가슴이 뻥 뚫린 느낌이니 고해성사가 맞는 것 같습니다. 하하.”

20여 년 만에 보험영업 현장에 본부장으로 부임해 회의와 대화, 콘퍼런스를 통해 현실을 보았다.

영업 현장은 매일 바쁘게 돌아가지만 그 일이 왜 필요한지 생각할 겨를이 없었다. 또한 회의 방식이나 회식 때 음식점 정하는 방법, 실적 독려 정책 등 업무 과정은 현장 중심이 아니라 편의 위주로 일방적 지시에 따라 운영되어왔음을 알게 되었다. 그러다 보니 실적은 실적대로 조직 육성은 조직 육성대로, 그저 주어진 목표를 달성하기 위한 습관적인 활동으로 이어졌다.

다행히 많은 대화 속에서 그 일이 왜 필요한지, 즉 그 업의 본질이 무엇인지 파악하려는 노력이 진행되었다.

그 결과 실적의 핵심 선행 지표는 조직 육성이니 활동의 80%를 조직 육성에 힘쓰자고 줄기차게 토론하다보니 신인 도입이 훨씬 중요한 활동이 되어야 함을 논리적으로 깨달았다. 그리고 신인 도입이 잘되기 위해서는 다시 그 앞에 '정착'이란 과정에 더 주목해야 한다는 결론을 얻었다.

2장

신인 도입과
정착의 고리를
여우처럼 찾아내다

둘이서 점심 식사 하기

다음 날 한 지점장과 점심 식사를 하게 되었다.

그냥 식사나 하자고 했는데 지점장은 상당히 긴장하고 있었다.

"본부장하고 식사하는 것이 부담스러운가?"

"아, 네, 꼭 그런 건 아니지만, 입사 이후 본부장님 같은 분과 단둘이 식사하는 것이 처음이라서요."

"엉? 어떻게 그럴 수가 있지? 입사한 지 10년이 넘지 않았나?"

"네, 맞습니다. 물론 회식 때는 높은 분들과 종종 옆자리나 앞자리에 앉은 경우가 있지만, 이렇게 둘이서만 식사하는 건 처음입니다. 혹시 제가 무슨 잘못이라도 했나, 어제부터 걱정하고 있었던 게 사실입니다."

"아, 단체로 식사한 경우는 많지만 둘이서 식사하는 건 처음이란 말이지? 나는 둘이서 점심 식사 하는 것을 아주 적극적으로 추천하는 사람인데, 그 이유가 있지. 한번 들어보겠나?"

"네, 말씀해주시지요."

"내가 기획업무를 하고 있을 때, 예산을 신청하러 각 부서에서 찾아왔거든. 한번은 1억 원짜리 프로젝트를 들고 나를 찾아온 직원이 있었어. 당시 상황이 좋지 않아 예산을 타이트하게 관리할 때였기에 프로젝트를 지금 꼭 진행해야 하는지, 금액을 줄일 수는 없는지 이야기했지만 그 직원도 자기 부서에서 추진하는 업무이니 무조건 예산을 받아야 했기에 갈등이 생길 수밖에 없는 상황이었지."

"그래서 어떻게 되었습니까?

"일단 서로 유보하고 점심이나 같이하자고 했지."

"아, 점심 식사를 하면서 설득하려고 하셨군요?"

"아니, 그런 목적이라면 밥이 제대로 넘어가겠나? 정말 그냥 식사나 하기로 했지. 지점장은 친구나 연인관계 또는 사업 등 목적이 분명한 관계가 아닌 사람과 단둘이서 식사해본 적 있나?"

"아니요. 또 한다고 하더라도 단둘이라면 대단히 불편할 것 같은데요?"

"그렇지? 그런데 거기에 흥미로운 부분이 숨어 있어."

"흥미로운 부분이라면?"

"그래, 서로 식사하면서 일에 관련된 이야기를 자제한다고 하면 조만간 이야기 소재가 끊어지고, 그러면 사실 매우 거북한 시간이 지속될 수 있거든. 그런데 그때가 실은 매우 중요한 타임이야. 나 같은 경우, 사소한 사적인 이야기를 하거든. 예를 들면 우리 집에 강아지가 있는데, 하면서 말이야. 상대가 강아지를 키운다면 더없이 좋은 대화가 진행되지. 설사 그렇지 않더라도 사적인 이야기, 예컨대 자전거 타기를 좋아한다는 등의 이야기를 하면서 식사시간 동안 서먹하지 않게 둘만의 대화를 이어갈수 있지."

"아, 대화의 기술이라고 할 수 있겠는데요?"

"정답이네! 하하."

"그래서 그 직원과는 어떻게 되었습니까?"

"일단 이런 식으로 점심을 먹고 나면, 나중에 사무실 복도에서 마주칠 때 서로 뭔가 비밀스러운 이야기를 공유한 동료라는 묘한 감정이 흐르거든. 여하튼 그 직원은 다시 나에게 왔고, 나는 허심탄회하게 내 의견을 이야기했어. 현재 회사가 긴축재정을 해야 하는 상황이라서 이 프로젝트를 보류했으면 좋겠는데 다른 방법이 없겠냐고 물었더니, 그 직원은 이 프로젝트는 6개월 안에만 하면 되지만 그렇게 말하면 그때 가서 생각해보자고 하는 경우가 많아 지금 가져왔는데, 실장님이 확인만 정확히 해주시면 6개월 기다렸다가 다시 가져오겠다고 하더라고. 금액도 분명히 삭감되리라 보고 실은 7,000만 원 정도면 가능할 것으로 보이는데 원안을 7,000만 원으로 가져오면 거기서 또 삭감할 것 같아 1억 원으로 잡았으니 7,000만 원으로 정리하겠다고 하더라고. 어때? 두 사람만의 점심 식사의 위력이?"

"아, 정말 생각지도 못한 상황이 전개되네요."

"내가 농반진반으로 하는 말이 있어. 과거엔 점심 열 번 먹는 것보다 저녁에 술 한잔하는 것이 사람 사귀는 지름길이라고 했지. 그러나 나는 다르게 생각해. 저녁에 네 명이 술 열 번 마시는 것보다 단둘이서 점심 한 번 먹는 것이 서로를 더 많이 알게 된다고."

"아, 무슨 말씀이신지 이해됩니다. 여럿이서 여러 차례 술을 마셔서 겉으론 친해 보일지 몰라도 서로 속 이야기를 안 하면 사실 아는 것이 전혀 없는 경우도 있는 것 같습니다. 저도 이제부턴 일대일 점심을 잘 활용해보겠습니다."

"좋아, 그럼 이야기를 옮겨볼까? 지점장과 플래너의 관계는 어떻다고 생각하나?"

"아, 지난번 콘퍼런스 때 본부장님의 말씀을 곱씹으며 정말 지점장인 제 업의 본질은 플래너가 다라는 생각을 했습니다."

"그러면 지점장과 플래너가 바라보는 시선이 동일하다고 생각하나?"

"꼭 그렇지는 않은 것 같습니다. 아무래도 지점장은 실적이 최종 목표인 데 반해 플래너는 경제 문제가 첫 번째일 테니까요."

"꼭 그렇지 않을 수도 있지 않을까? 예를 들면 지점장이 장기적으로 플래너가 높은 소득을 올리도록 하는 정책을 최우선으로 정하고 지점을 운영한다면."

"아, 그런 방법이 있네요. 저는 종종 지점장이 추구하는 것과 플래너가 추구하는 것이 상충될 수밖에 없다고 생각했는데, 그 앞에 '장기적'이라는 단어를 넣으니 갑자기 엉킨 실타래가 풀린 듯합니다."

"장기적이란 단어가 양쪽을 융합시키는 역할을 하지? 지점장은 당장 목표달성이 급해 플래너가 계약을 많이 해오기만을 바라고, 플래너는 반대로 불건전한 계약을 가져와 본사 승인만 받아달라고 지점장에게 요구한다면 단기적으로는 실적도 오르고 소득도 오르지만 장기적으로는 양쪽 다 큰 피해를 입을 수밖에 없으니까."

"그래서 지점장이란 업의 본질이 사람이고 플래너일 수밖에 없는 것 같습니다."

"아이고, 이렇게 둘이 점심 식사 하면서도 회사 이야기만 해버렸네, 하하."

"이렇게 말단 지점장의 이야기를 들어주시고 좋은 말씀도 해주셔서 고맙습니다."

"무슨 소리야? 내가 배운 게 훨씬 많아. 오늘 시간 내줘서 고마웠어."

플래너들은 지점장 면담을 좋아할까?

지점장과 헤어져 사무실로 걸어오는데 다시금 궁금한 점이 생겼다.

나는 우리 업의 본질이 사람이고 지점장은 플래너가 알파요 오메가라고 말하니 표현만 다를 뿐 생각은 같은데, 그러면 지점장과 플래너는 얼마나 원활하게 소통할까? 어쩌면 오늘 B 지점장이 이야기한 '지점장과 플래너는 추구하는 것이 상충될 수밖에 없다'는 말이 현장의 현실 아닐까 하는 생각이 들자 발걸음이 바빠졌다.

저녁이 되어 안산사업부 지점장들이 사업부 활성화를 위해 스스로 토론회를 한다고 해서 격려도 할 겸 토론 후 저녁 식사 자리에 참석했다.

"오늘은 어떤 주제로 토론했는지 이야기해주겠나? 다른 사업부에는 좋은 것 빼고 비밀을 확실히 지키겠네, 하하."

"아, 이건 사업부 밖으로 나가면 안 되는 중요한 영업비밀인데, 본부장님이 한턱 쏘신다니까 본부를 위해 이 한 몸 던지겠습니다, 하하."

한참 이야기가 진행되는 가운데, 오늘 타 사업부 지점장과 이야기한 후 생겼던 궁금한 점에 대한 이야기를 꺼냈다.

"대표지점장, 우리 지점장들은 플래너들과 주로 어떤 식으로 소통할까?"

"네, 기본적으로 매일 아침 9시에 진행하는 정보 미팅에서 정책을 전달하고 필요한 부분을 교육함으로써 공식적인 소통을 합니다."

"그리고 사업부 전체로 보았을 때 그런 공식적인 것도 있지만, 개별 면담을 통해 수시로 소통한다고 생각합니다."

사업부장이 거들었다.

"좋아, 그러면 지점장이 면담하자고 하면 플래너들은 어떤 반응일까? 즉 구체적으로 말해 플래너는 지점장 면담을 좋아할까, 아니면 싫어할까?"

"상황에 따라 다르지 않을까요? 예를 들어 오늘 큰 계약을 한 플래너는 지점장이 면담하자고 하면 칭찬 들을 가능성이 있으니 좋아하겠지만 그렇지 않은 사람은 좋아하지 않겠지요."

"그럴 수 있겠네. 또 다른 지점장의 생각은 어때? 여기 일곱 명의 지점장이 있으니 아예 거수로 해볼까? 일반적으로 지점장이 플래너들에게 면담하자고 하면 좋아한다에 거수!"

그러자 일순 조용해지면서 아무도 손을 들지 않았다.

"그러면 좋아하지 않는다에 거수!"

이번엔 모두가 손을 들었다.

나중에 확인된 사실이지만, 본부 전체 44명의 지점장에게 같은 질문을 했더니 43명이 좋아하지 않는다에 손을 들었다.

이 매우 놀라운 사실이 의미하는 것은 뭘까? 그래서 더 나아가 보았다.

"대표지점장?"

"네."

"지점장이 플래너들과 면담하는 이유는 뭐지?"

"여러 가지 이유가 있겠지만 소통을 통해 좋은 결과를 얻기 위함이죠."

"그 좋은 결과란 것이 일방적인 건가? 즉 지점장만을 위한 건가?"

"아닙니다. 양쪽 다, 더 정확히는 제가 지점장인 관리자니까 저로 인해 플래너가 더 좋은 결과를 얻어야 하는 것이 맞습니다."

"그런데 그런 좋은 결과를 얻는다는 취지로 면담하려는데 플래너는 왜 좋아하지 않을까?"

"그건…….".

"그럼 또 질문을 해보자고. 면담은 주로 어디서 하나?"

"제 책상 옆에 면담용 의자를 놓고 수시로 합니다."

"그러면 상황에 따라선 지나가는 사람들이 내용을 다 들을 수도 있겠네? 그러면 상담하는 플래너가 불편할 때도 있지 않을까?"

"그럴 수도 있을 것 같습니다."

"한 가지 더, 면담 내용은 주로 어떤 것들인가?"

"실은 주로 활동이 부진한 플래너를 대상으로 하기 때문에 이에 대한 것이나 신인 도입에 관련된 이야기를 합니다."

"좋아, 우리가 지금까지 이야기한 면담을 정리해보면, 잘하는 사람보다는 못하는 사람이 대상이고, 공개된 자리에서 일을 중심으로 이야기하니 소통을 위한 면담이라기보다는 지적, 질문, 지시, 전달 같은 형태가 대부분 아닐까?"

"하나씩 분리해서 보니 결국 그런 모습이네요."

"한 가지 더 질문해보자고. 지점장은 면담을 좋아하나, 아니면 피하고 싶은 일인가?"

"좋아한다기보다 필요하니 해야 하는 활동 중 하나인 셈이죠."

"그러면 처음으로 돌아가서 보험영업이란 업의 본질이 사람이고 지점 입장에서 플래너가 처음이자 끝이라고 했는데, 양쪽 다 좋아하는 일이 아니라면 거기서 좋은 결과를 얻을 수 있을까? 어쩌면 우리는 면담을 왜 하는지에 대한 근본적인 질문부터 해야 하는 것 아닐까?"

면담, 진심이 오갈 수 있는 통로가 먼저다

지점장 활동의 근간이 되는 플래너와 소통하는 면담이 44명의 지점장 중 43명이 인정한 것처럼 플래너 입장에서는 피하고 싶은 일이라면 그 취지가 무색해지는 상황이 아닐 수 없기에, 유일하게 "우리 플래너들은 면담을 좋아합니다"라고 말한 K 지점장과 이야기를 나누어보았다.

"K 지점장, 나한테 그 비결 좀 이야기해주겠나? 이건 정말로 큰 문제인데?"

"아주 간단해요."

"아주 간단하다?"

"네, 면담을 플래너가 좋아하게 만들면 되잖아요."

"플래너가 면담을 좋아하게 만든다?"

"네. 저희 지점 플래너들은 번호표 뽑아서 제 면담을 기다리는데요? 호호."

"진짜로?"

"네, 저는 지점장이 된 이후 플래너 면담을 최우선으로 했습니다. 본부장님 말씀처럼 플래너가 없으면 저도 없는 거니까요. 그래서 저는 매달 일찌감치 면담 일정을 개별 통보합니다. 그리고 그분이 무엇을 좋아하는지, 취미는 무엇인지 미리 확인한 후, 깔끔하거나 분위기 있는 식당을 예약해서 업무 이야기는 하나도 안 하고 소소한 이야기만 합니다."

"소위 라포 형성을 위해 정성을 많이 기울이는 거군."

"네, 그렇게 하면 면담이 끝나고 지점장과 상의하고 싶다며 먼저 다가오거나 아예 면담 끝자락에 자신의 애로사항을 털어놓는 경우가 많습니다. 물론 그래도 반응이 전혀 없는 경우도 있지만 절대 서두르지 않습니다. 다음에도 같은 방식으로 식사하고 대화하다보면 저에 대한 믿음이 생기는 순간 자연스럽게 소통이 이루어질 테니까요."

"그러니까 지점장이 먼저 이야기하는 것이 아니라 상대가 편하게 만들어놓으면 언제고 지점장을 찾게 되어 있다는 거네?"

"그렇습니다. 서로 마음이 통해야 전달할 내용도 통하지요. 제가 총무를 하면서 많은 지점장과 일해보았는데, 면담을 못 하는 지점장은 상대에게 자기 이야기만 전달하려고 하니 지점장과 얼굴 마주치는 것 자체를 피하려는 반면, 면담을 잘 하는 지점장은 플래너의 이야기를 다 들어주며 마음이 편안해질 때까지 기다리다보면 플래너가 스스로 면담을 신청하는 경우까지 생기더라고요. 그때 저도 지점장이 되면 꼭 그렇게 해야겠다고 생각했습니다."

"와, 면담에 대한 철학이 명확하네. 그러니까 진실이 먼저가 아니라 통로가 먼저라는 이야기겠지."

"맞습니다."

"고마워, 면담에 대한 취지와 그에 걸맞은 지점장의 활동이 이루어질 수 있도록 K 지점장의 노하우를 널리 알리겠네, 하하."

L 사장의 선택

K 지점장과 헤어져 사무실로 돌아왔다. 실적 선행 지표는 조직에 있는 것이어서 도입 이야기를 많이 했는데, 입사한 사람들이 제대로 정착하지 못한다면 아무런 의미가 없는 것 아닌가? 어떻게 해야 정착이 잘될까? 이 질문에 누가 대답을 해줄 수 있을까

하는 생각이 들었다.

실제로 제대로 정착한 플래너들과 직접 대화를 해보는 것이 좋을 것 같았다.

다음 날, 오랜 시간 영업하면서 경인본부의 큰 기둥 중 한 분인 L 사장님과 점심을 같이하기로 했다.

매년 연도대상에서 굵직한 상을 거머쥐는 분이기에 꼭 따로 만나고 싶어 한달음에 달려갔다.

"사장님, 사장님을 만나면 꼭 질문하고 싶은 것이 있었습니다."

"저한테 뭐 궁금하신 것이 있을까요? 호호."

"영업을 하신 지 20년 넘지 않습니까? 지금도 보험영업이라고 하면 조금 다른 시선으로 보는 경우가 있는데, 그런 분위기가 훨씬 더 심했을 20여 년 전에 어떻게 이 일을 시작하시게 되었는지요?"

"네, 남편이 공무원이었기에 박봉이지만 아주 어렵게 지내지는 않았습니다. 그런데 두 아이가 학교에 들어가고 학원도 다니다 보니 남편만 바라보고 살 수가 없더라고요."

"그래서요?"

"그래서 주변에 알아봤더니 보험 교육을 받고 영업을 하면 애들 학원비는 제가 해결할 수 있을 것 같았어요. 그래서 제 발로 보험회사를 찾아갔지요. 그런데 제 소식을 들은 친정엄마가 펄쩍 뛰셨어요."

"아, 친정엄마가요?"

"네, 제가 학원비 때문에 일하겠다는 것을 아시고 단도직입적으로 말씀하시더라고요. 엄마가 학원비 대줄 테니 일하러 나가지 말라고요."

"그런데도 회사를 다니신 거예요?"

"결과적으로 말씀드리면, 20년이 지난 지금 저는 그렇게 반대했던 엄마한테 용돈을 꼬박꼬박 드리고, 남편한테도 최근에 차를 사주었습니다. 만약 그때 엄마한테 학원비를 받았다면 지금 어떤 상황이 되었을까요?"

"그렇겠네요. 당시 선택이 지금 완전히 다른 결과를 가져왔겠네요. 그런데 아까 잠시 통화하시던 상대가 고객 아니었나요?"

"고객 맞습니다. 왜요?"

"보통 영업하는 분은 고객을 왕처럼 대하며 나아가 을의 입장에서 대화하는 경우가 많은데 사장님은 그렇지 않은 것 같아서요."

"아, 대화는 공손하게 하되 내용은 철저하게 하는 것이 맞습니다. 제가 20년간 영업하면서 한 번도 민원을 받지 않은 것은 일에 관한 한 철두철미했기 때문입니다. 정도를 걸어왔기에 사실 제

고객들은 회사보다 저를 믿는 정도입니다. 제가 사심으로 일한다면 고객은 시간이 지나면서 결국 알게 되겠지요. 그랬다면 저도 지금의 위치에 있지 못했을 겁니다. 저는 절대로 무리하게 저를 위해, 제 수수료를 위해 일하지 않습니다."

"일에 대한 명확한 생각이 지금의 사장님을 만든 거네요. 대단하십니다."

K 대표의 극복기

L 사장님을 만난 후 부평으로 이동해서 상대적으로 젊은 K 대표를 만났다.

"다른 분한테 들으니, 처음엔 지점에서 홀대를 받았다고요?"

"네, 그럴 만도 하지요. 제가 30대 초반에 사업이 망해서 갈 곳도 없는 상황이었으니 지점에선 당장 계약을 체결해올 능력이 없어 보였을 겁니다."

"그런데 그런 환경을 어떻게 극복하셨나요?"

"앞서 말씀드린 바와 같이 사업이 망하다보니 주변 관계가 어려워져, 열심히 보험상품 공부를 해도 상품을 팔 사람을 만나기가 어려웠습니다. 즉 상대는 나에 대해 상품보다 안면으로 도와

달라고 할 것이라는 선입견을 가질 수 있었기에 그렇게 접근하면 안 되겠다고 생각했습니다."

"그래서요?"

"그래서 마음을 단단히 먹었습니다. 제 장모님 딸한테, 아 저는 아내를 그렇게 부릅니다, 하하. 어쨌든 제 장모님 딸한테 상품 설명을 했습니다. 만일 제가 보험의 필요성과 가치성을 제 아내에게조차 제대로 설명하지 못한다면 누구에게도 판매할 수 없다는 생각에서 시도한 거지요. 처음에 정성을 다해 설명했는데 퇴짜 맞았습니다. 그래서 한 번 더 철두철미하게 준비해서 설명했는데도 설득이 안 되더라고요. 이게 나한테 맞지 않는 길일지도 모르겠다는 생각을 하기도 했습니다. 그래서 마지막이라 생각하고 다시 한번 도전했는데 마침내 아내가 설득되어 보험 계약을 체결했지요. 저는 사업을 했었기에 특히 건물을 대상으로 하는 화재보험을 전문적으로 파고들어 매년 연도대상을 받게 되었습니다. 또한 이렇게 전문성을 확보하니 알음알음 알려져 결국 전국에서 강의해달라는 요청까지 받고 있습니다. 이 또한 저에게는 화법 등 능력을 강화하는 기회도 되어 시간을 쪼개 강의를 다니고 있습니다."

영업의 달인인 두 사람을 만나고 사무실로 오면서 '어떤 사람이 입사하는가'가 정말 중요하다는 생각을 깊이 했다.

10년 공들인 신인 도입

사무실에 와서 지원부장에게 오늘 만난 두 분의 이야기를 했다.

"두 분 다 스스로 보험영업을 하러 찾아오신 분이지만 그렇지 않은 분이 훨씬 많습니다."

"아무래도 그렇겠지?"

"그런 면에서 다른 분을 추천하고 싶습니다."

"부장이 추천한다니 기대되는데, 하하."

"안산에 계신 K 팀장님 아시지요? 오늘 만나신 L 사장님과 본부에서 쌍벽을 이루는 분요."

"당연히 알지. 쇠뿔도 단김에 빼라고, 내일 바로 가봐야겠네. 고마워, 하하."

다음 날 안산으로 가서 K 팀장님을 만났다.

실적이 많아지면 개인 업무로 바빠 영업팀장 자리에서 내려와 개인 영업에 치중하는 것이 일반적인데, K 팀장님은 20여 년간 매년 연도대상을 받으면서도 지점을 위해 팀장 자리를 계속 맡고 있었다.

"팀장님, 안녕하세요?"

"네, 본부장님, 아침 일찍 어쩐 일이세요?"

"팀장님 노하우가 궁금해서요."

"저한테 그런 것이 어디 있나요? 전 그냥 열심히 할 뿐인데요."

"개인 일도 많으실 텐데 계속 팀장을 맡고 계시는 것이 대단한 거지요."

"저는 플래너들과 함께 일하는 것이 좋아요. 저 혼자 여기까지 올 수 있었겠어요? 주변의 도움 없이는 불가능한 일이지요. 그래서 저도 회사도 계속 함께 가는 일을 하고 싶고, 그중에 팀장 역할도 포함된다고 생각해요."

"그렇군요. 그 와중에 신인 도입도 계속 하신다고 들었습니다. 신인 도입이 그렇게 화수분처럼 계속될 수 있는 건가요?"

"저는 신인 도입만을 생각해서 일하지는 않아요."

"그게 무슨 의미인가요?"

"20여 년간 영업을 해왔으니 고객이 수천 명 되지 않겠습니까?"

"그렇죠. 어쨌든 대단한 일이지요. 개인 혼자 일하면서 고객이 수천 명이나 되니까요. 그래서요?"

"수평적으로 고객이 많은 부분도 있지만 시간이 흐르면서 수직적인 고객도 매우 많습니다."

"수평과 수직이라……."

"네, 고객을 소개받으면 자꾸 고객이 늘어나는데, 그것을 수평적이라고 할 수 있겠지요. 반면에 20년 전에 만나 고객이 된 분이 지금은 사위나 며느리는 물론 손자, 손녀까지 새로운 고객이 되는 경우도 많지요. 결국 이렇게 수직적으로도 고객이 늘어납니다."

"아, 고객을 잘 관리하면 소개도 받지만 시간이 지나면서 그 고객의 자손까지 모두 고객이 되는 경우도 생기는군요."

"네, 그뿐만 아니라 최근에 있었던 일인데요."

"네, 어떤 일이 있었지요?"

"10여 년 전 미용실에서 근무하던 아가씨 중 한 명이 제 고객이 되었는데, 그 후 결혼하고 아기를 낳는 동안에도 계속 관리해왔지요. 그러다 아이가 학교에 가면서 시간 여유가 생기니까 일하고 싶어 하더라고요. 실은 처음 만났을 때도 성격이 활달해서 같이 일하면 어떻겠냐고 말했어요. 그때는 미용 일이 좋다고 해서, 좋아하는 일을 계속하는 것이 더 나은 것 같아 더는 이야기하지 않았습니다."

"그런데 지금 와서 상황이 달라졌나요?"

"네, 그동안 제가 영업하는 것을 보면서 이 일이 단순히 안면만으로 하는 것이 아니라 전문성이 필요하고, 평생 직업으로 해볼 만하겠다는 생각이 들었다고 하더라고요."

"그러면 팀장님은 그분을 도입하시는 데 걸린 시간이 10년인 거네요?"

"그렇게 보면 10년이 걸린 것이 맞네요, 호호. 제 욕심에 10년 전에 이 일을 위해 좋은 것만 포장해서 입사를 서둘렀다면 입사했다고 하더라도 아마 금방 퇴사했을걸요? 저는 그 사람이 이 일을 할 수 있을지 혹은 그런 여건이 되는지 보고 그 사람을 위해 권유합니다. 때론 바로 입사하는 경우도 있지만 이번에는 10년이 걸린 셈이지요. 저는 이것이 옳은 방법이라고 생각합니다."

"네, 그동안 궁금했던 부분이 팀장님 덕분에 말끔히 해소되었습니다. 그 고마움을 담아 오늘 점심은 제가 모시겠습니다. 고맙습니다, 하하."

신인 도입 활동이 많아야 하는 이유

사무실로 돌아오는 발걸음이 가벼웠다.

신인 도입이란 것이 단지 플래너들을 통해 소개받고, 지점장, 사업부장이 주어진 과정대로 면접하고 교육받고 자격을 취득하는 단순한 과정이 아니라, '그 사람의 자질과 여건'을 단계별로 매우 세밀하고 지속적으로 관리하면서 이루어져야 한다는 걸 깨달았다.

사무실에 들어오자 지원부장이 기다렸다는 듯이 방으로 따라

들어왔다.

"본부장님, K 팀장님은 잘 만나셨습니까?"

"그래, 덕분에 우리가 고민해볼 일이 또 생긴 것 같아."

"또 고민거리가 생기셨습니까?"

"앞서 두 분의 경우는 스스로 입사한 경우지만, K 팀장님과 대화를 나눠보니 우리 플래너들에 의해 입사 권유를 받는 경우가 많더라고."

"맞습니다."

"입사 경로는 다르지만 두 경우 모두 보험영업을 할 수 있는 여건이 되었을 때 입사해야 한다는 것이 중요한 것 같아. 이 여건이 잘 관리되도록 프로세스를 만드는 것이 우리가 할 일이고."

"그 입사 프로세스는 이미 만들어져 있는데요?"

"알고 있어. 플래너가 소개하고 지점장이 면접하고 사업부장이 최종 면접한 뒤 교육받도록 하는 것을 말하는 거지?"

"그렇습니다."

"그런데 그 프로세스에 꼭 들어가야 할 부분이 있다는 거야."

"그게 뭐죠?"

"K 팀장님이 10년 동안 지켜본 뒤 입사시킨 과정, 즉 그 사람의 자질과 여건이 잘 관리되면 정착 가능성이 높다는 거야."

"네, 실은 말씀하신 것이 정상적인 방법인데 목표에 급급하다보니, 여건이 되지 않는 사람도 일단 시험에 합격시켜놓은 다음 억지 춘향식으로 영업하게 되어 탈락자가 많았다고 생각합니다."

"왜 여건이 되지 않는 사람도 일단 시험을 치게 할까?"

"시험 기간까지 여건이 되는 사람의 숫자가 모자라기 때문입니다."

"숫자가 왜 모자라지? 아니, 반대로 질문해보자고. 인원이 모자라지 않게 하려면 어떻게 해야 될까?"

"도입 관련 활동을 더 하면 가능하겠지요."

"이제야 정답이 나왔네. 내가 본부에 와서 첫 회의 후 이야기한 지점장 활동의 80%가 조직 육성에 있어야 한다는 것과 이 부분이 일치한다고 생각되지 않나?"

"사실 본부장님이 스무고개 하듯 하시는 것이 이상했는데, 이 말씀을 하려고 그러셨군요? 항복했습니다. 맞습니다. 도입 관련 활동을 늘리는 것이 제대로 된 처방이라 생각합니다."

"좋아, 세상에 공짜는 없는 거야. 영업 자질이 있으면서 여건이 되는 사람을 얻기 위해선 그만큼 노력해야 하는 거야. 그렇게 하신 분이 K 팀장님인데, 누구나 처음부터 그런 능력을 가질 수는 없지 않나? 그래서 연구하고 토론하고 교육을 통해 그런 능력을 키워주는 것이 우리가 할 일이라고 생각해."

정착의 또다른 축

　도입 관련 활동을 활발히 해 올바른 사람을 찾는 것은 누구나 알 수 있는 일이다. 결국 중요한 것은 그런 것이 실제로 실행되어야 한다는 것이다.

　정착의 포인트는 그처럼 올바르게 입사하는 것이 하나의 축이라면 입사 후 무엇을 어떻게 하는가가 또 하나의 축이라고 할 수 있다. 왜냐하면 영업이란 상대가 있어야 하기 때문이다. 상대, 즉 고객이 없으면 결국 탈락할 수밖에 없기에 여기에 방점을 찍었다.

　오늘은 안양사업부에서 신인들 간담회가 있어 미리 사무실에 도착했다.

　"여러분, 수고 많아요."

　"안녕하세요, 본부장님. 오늘 신인 간담회가 있어 때마침 지점장, 교육실장, 코칭 리더가 다 모였습니다."

　"아, 잘되었네요. 떡 본 김에 제사 지낸다고 잠시 이야기해봅시다. 안양사업부는 최근 신인들의 정착률이 어떤가요?"

　"네, 얼마 전까지 정착률이 부진했는데, 다행히 최근 입사자가 많아 교육 분위기도 좋아졌습니다. 이번 기회에 정착이 잘되도록 모두 노력하고 있습니다."

　"그렇군. 그런데 궁금한 것이 있어요."

사업부장이 대답했다.

"네, 어떤 점이 궁금하신가요?"

"오늘 신인간담회도 그렇고 사업부와 지점 전체가 신인들이 정착되도록 정말 최선을 다하는데 탈락자가 많은 이유는 뭘까요?"

"아무래도 점점 영업 환경이 어려워지는 것이 문제인 것 같습니다. 경쟁도 치열해지고요."

"그렇겠지. 또 어떤 문제가 있을까요?"

"외부적인 문제가 있긴 하지만, 저는 내부 문제로 보고 싶습니다."

사업부에서 육성지점장과 함께 특히 신입 3개월간 교육을 책임지고 있는 5년 차 코칭 리더가 도전적인 발언을 했다.

"내부 문제라?"

"네, 앞서 본부장님이 말씀하신 바와 같이 정말 정성스러운 과정을 통해 입사했고, 상품 교육, 화법 교육 등 수개월에 걸쳐 교육을 받았는데, 어떤 플래너는 나날이 발전하고 어떤 사람은 탈락한다면 막연히 외부 문제로만 이야기해서는 안 될 것 같습니다."

"일리 있는 말이네요."

"회사 제도에 따라 신인이 입사하면 3개월간 교육을 받는데, 이걸 잘 살펴볼 필요가 있는 것 같습니다."

"제도에 하자가 있다는 말인가요?"

"제도라기보다는 운영상에 흥미로운 부분이 있습니다."

"운영상에?"

10콜에 대하여

"입사하면 기본적으로 보험 상품 교육을 철저히 하고 영업 교육도 같이 이루어지는데, 저는 특히 10콜이란 부분을 유심히 살펴보았습니다."

"10콜? 매일 10명에게 전화하라는 것 말인가요?"

"맞습니다."

"거기에 무슨 문제라도 있다는 건가요?"

"10콜은 제도상으로는 더없이 좋은 거라고 생각합니다. 신인의 경우 영업의 거점이 아직 형성되어 있지 않은 상태에서 무작정 사람을 만난다고 갑자기 영업이 되기는 쉽지 않습니다. 이런 상황을 고려해 영업 목적이 아니라 평소 아는 사람에게 하루에 10군데 정해 안부 전화를 하며 관계를 잘해놓자는 것이지요. 이것은 고객을 터치하는 습관으로 연결됩니다. 그러다보면 종종 자신이나 가족들이 교통사고가 나거나 아플 때 쉽게 연락할 수 있고, 경우에 따라서는 자연스럽게 계약 상담이 이루어질 수도 있으니까요."

"그렇지요. 모두 그런 목적으로 10콜을 하고 있다고 생각할 텐데요?"

"그런데 현실로 가면 전혀 예상하지 못하는 상황이 펼쳐지기도 합니다."

"예상하지 못하는 상황이라?"

"네. 저는 교육 중에 시간을 정해 다 같이 전화를 하도록 진행합니다. 혼자 하면 어색하고 쑥스럽기도 하니까요. 그런데 하루는 다른 교육생들이 다 전화를 하는데, 한 분만 전화를 안 하고 있더라고요."

"그래서 좀 언짢은 소리를 했나요?"

"아니요, 우선 오늘 전화를 하기 어려운 상황이냐고 물었지요."

"그랬더니요?"

"좀 머뭇거리더니 전화를 걸 곳이 없다고 하더라고요."

"전화 걸 곳이 없다?"

"네, 그래서 다시 한번, 전화하기가 좀 그런 것이냐 아니면 전화할 번호가 아예 없다는 거냐 하고 물으니, 자신의 핸드폰에 저장된 번호가 10개밖에 안 된다는 겁니다. 엄마, 아빠, 동생, 이모,

삼촌…… 이렇게 말입니다."

"……."

"그러니까 하루는 전화가 되겠지만 그 10명한테 매일 같은 전화를 할 수는 없지 않냐고 거꾸로 저한테 반문하더라고요."

"아, 그럴 수도 있겠네요. 어쩌면 그것이 현실적인 문제인지도 모르겠네요. 우리는 평균적인 사람들을 생각해 저장된 전화번호가 최소 수십 개 이상 되리라 생각하고 이 제도를 만들었을 테니까요. 그러니 하루 전화하면 끝날 전화번호만 가지고 있는 사람을 생각하지 못했겠지요. 그래서 그 사람한테 어떻게 했나요?"

"안양 지역 상업용 전화번호부가 있습니다. 우선 이걸 놓고 내가 타깃으로 삼고 싶은 업종을 정해 10군데씩 전화하도록 했지요. 직접 영업하는 것이 아니기에 쉽게 할 수 있었고, 나아가 전화로 접근하는 것에 대한 두려움도 많이 해소되었습니다."

"제가 생각하기에 매우 중요한 것을 이야기한 것 같습니다. 우리는 항상 제도를 제대로 만들려고만 신경 쓰고 현실적으로 어떻게 적용되는지, 특히 상황에 따른 유연한 대책 마련이 부족한 것 같습니다."

소개 영업에 대하여

"그런 면에서 저는 소개 영업의 필요성을 이야기하고 싶습니다."

신입 플래너가 입사하면 한 사무실에 모아 3개월 동안 육성을 전담하는 육성지점의 육성지점장이 조심스럽게 끼어들었다.

"소개 영업? 그건 우리가 기본적으로 하고 있는 것 아닌가?"

"이것 역시 본부장님이 말씀하신 바와 같이 제도와 교육은 있지만 잘 안 되는 대표적인 경우에 해당합니다."

"그거야말로 기본 중의 기본인데 잘 안 되는 이유가 뭘까?"

"우선 신입 플래너의 경우 계약 체결에 급급해 체결만 생각하는 경우가 많습니다. 또한 소개 요청이 상대에게 부담을 줄 수 있다는 생각에 아예 시도하지 않는 경우도 종종 있고요."

"그러니까 해야 한다는 것은 모두 알지만 현실적으로는 거의 이루어지지 않는다는 얘기네?"

"어쩌면 이것이 진정한 탈락 원인일지도 모릅니다."

"진정한 탈락 원인이라?"

"그렇습니다. 신입 플래너는 아무래도 영업력에 자신이 없으니 자신이 알고 있는 사람들의 계약, 즉 연고 계약부터 시작하는 경우가 많습니다. 그런 가운데 실력도 늘고 신뢰도 쌓여 점차 보험이 필요한 사람을 소개받으면서 영업이 확장되어야 하는데 오로지 연고에만 매달리다 그 시장이 고갈되면 갈 곳이 없어지니 탈락으로 이어질 수밖에 없는 것입니다."

"그러면 정착의 제1순위는 소개를 받느냐 못 받느냐가 될 수 있겠네?"

"그렇게 정리해도 될 만큼 중요한 부분입니다. 그런데 우리는 단순히 소개받으라는 이야기만 하는 수준에 머물고 있다는 것이지요."

"그럼 그 수준을 넘어야 한다는 이야기인데, 그게 뭘까?"

"소개를 받을 수 있도록 훈련과 제도를 만들어야 할 것 같습니다. 예를 들어 본부에서 소개를 잘 받는 분을 모셔서 그 방법을 찾아보는 것도 좋고요."

"그렇게 이야기하니 내 머리에 번쩍 떠오르는 분이 있네."

"그게 누구죠?"

"평택사업부의 P 사장님이라고, 지난번에 식사하면서 들은 이야기야. 그분도 처음에는 지인이 거의 없어서 어려움을 겪었는데 우연히 소개받은 분이 사고를 당하셨다는 거지. 보험회사에 보험금 청구를 해야 하는데 그분이 어쩔 줄 모르는 것을 알고는 P 사장님이 서류를 잘 챙겨 보험회사에 접수까지 해줬다네. 그랬더니 그분이 고객도 아닌데 그렇게 성의껏 해준 P 사장님이 고마워서 주변 사람들에게 P 사장님을 보험전문가라고 적극 소개해주었다는 거지. 그 후 P 사장님은 별도로 사람을 만나지 않아도 될 정도로 소개가 끊임없이 들어와 결국 연도대상을 계속 받는 대형 플래너가 된 거잖아?"

"네, 본부에서도 잘 알려진 분입니다."

같이 참석한 지원부장이 거들면서 이같이 말을 이어갔다.

"본부에서 소개 시장이란 주제로 교육이 있어왔지만 이론적인 부분에 더 치중했던 것 같습니다. 이번 기회에 본부 전체 소개 시장 공략 사례를 취합해 공유하겠습니다. 더불어 계약이 이루어지면 계약 끝마무리에 꼭 소개받을 수 있도록 화법 개발과 함께 청약서 한쪽에 소개 칸을 만들어 자연스럽게 기재할 수 있도록 보완하겠습니다."

신입 플래너들의 간담회에서 신인 플래너의 정착에 대한 깊은 이야기가 오갔다.

정착은 좋은 사람을 입사시키는 것도 중요하지만 특히 초기 3개월 동안 교육을 담당하는 육성지점장과 코칭 리더의 정착에 대한 생생한 현장 이야기는 제도가 실제로 적용될 때 얼마나 미흡한 부분이 많은지 깨닫게 해주었다.

신인을 책임지는 FM 팀장

다음 날은 분기에 한 번씩 열리는 FMFreshman Management (신인 관리) 팀장 워크숍이 예정되어 있었다.

FM 팀장은 새로 입사한 플래너들이 3개월간 사업부에 모여 교육받은 후 각자 지점으로 돌아갈 때 자신이 속한 팀으로 가지 않고 12차월까지 전문적으로 관리해주는 신인 플래너 관리 전문 팀장을 말한다.

오늘 이야기와 함께 신입 플래너의 정착에 대한 좀 더 구체적인 방안이 어우러져 시너지 효과를 내면 좋겠다는 생각이 머리에 꽉 찼다.

실은 FM 팀장 워크숍 계획에 대한 보고서가 올라왔을 때 교육 팀장한테 질문한 것이 있었다.

"K 팀장, 지점이 44개인데 FM 팀장은 왜 48명이지?"

"네, 원래 지점당 한 개의 FM팀을 운영하는데, 지점이 너무 크거나 신입 플래너가 너무 많으면 효과적으로 육성하기 위해 FM 팀을 쪼개는 경우가 있습니다. 그래서 팀장도 48명이 된 겁니다."

"아, 그렇군, 그럼 이번 워크숍은 어떤 내용으로 진행할 예정인가?"

"네, 각 팀장이 우수 사례를 발표하고, 조별로 토론한 후 발표

할 예정입니다."

"조는 어떻게 구성하는 거지?"

"지역별로 그리고 규모별로 골고루 섞어서 구성했습니다. 정보 공유 차원에서 그렇게 해왔습니다."

"혹시 지난 분기에 워크숍 후 설문조사 같은 걸 해놓은 것이 있나?"

"네, 아주 간단히 한 거라서 큰 의미는 없는데, 참고로 첨부해 놓았습니다."

"그래? 한번 보자고. 아, 여기 건의사항이 있네. 흠, 여기 보니 신입을 관리할 때 필요한 수당이 너무 적다는 내용과 업무량이 너무 많다는 내용이군. 이건 근무환경이 매우 좋지 않다는 뜻 아닌가?"

"아, 그건 서로 다른 상황에 있는 사람들이 자기 입장에서 썼기 때문입니다. 예를 들어 관리하고 육성해야 할 신입 플래너가 많은 FM팀의 팀장은 수당이 많이 나오니 수당에 불만이 없는데 대신 일이 많아서 힘들다는 것이고요, 플래너가 적은 FM팀의 팀장은 할 일은 적으나 수당이 그만큼 적기 때문에 수당 문제를 적었다고 생각합니다."

"그러니 제도상으로는 문제가 없다?"

"그건 본사에서 만든 규정이기에 손을 대기가 어렵습니다."

"본사는 회사 전체 2만여 명의 플래너를 대상으로 하니 세세하게 만들 수 없겠지만 본부는 보완할 수 있어야 하지 않을까? 이 제도를 그대로 놔두면 적당한 규모의 팀을 운영하는 팀장들을 제외하고 큰 팀은 큰 팀대로 작은 팀은 작은 팀대로 불만이 지속될 텐데?"

"안 그래도 이 문제를 팀원들과 이야기한 적이 있는데요, 예컨대 신입 플래너가 2~3명으로 구성되어 있으면 인원도 적고 수당도 적어서 팀 운영의 의미가 없으니 꼭 12차월로 끊지 말고 예를 들면 18차월 플래너까지 확대해 인원도 확보하고 추가되는 플래너도 더 육성하는 기회를 가지면 일거양득일 거라고 생각합니다."

"좋은 의견이네. 팀원이 많아서 업무량이 많은 FM팀의 경우는 거꾸로 일반 팀장들이 일부 쪼개서 육성을 담당하는 것도 방법일 테고."

"네, 본부 차원에서 그렇게 보완조치하겠습니다."

교육이 효과를 나타내려면!

"나는 교육이나 워크숍이 높은 효과를 보기 위해선 프로그램 자체도 중요하지만 그 프로그램 앞과 뒤를 어떻게 하느냐에 따라 큰 차이가 난다고 생각해."

"앞과 뒤라면?"

"예컨대 워크숍 후에 하는 설문 조사는 뒤에 해당하겠지. 방금 우리가 이야기한 FM 팀장들의 건의사항이 그냥 형식적으로만 끝나고 피드백이 없으면 다음에 정성스럽게 건의하겠나? 그래서 내가 깊이 대책까지 질문한 거야."

"네, 일리 있는 말씀이라 생각합니다."

"그리고 이런 후속 조치만큼 중요한 부분이 앞인 거고. 예를 들어 앞서 나한테 설명하기를, 워크숍 때 지역과 크기를 감안해 골고루 섞어서 조를 구성한다고 했지? 물론 그 방법의 장점도 있지만 이번 경우는 다를 것 같아."

"어떤 부분이 다르다고 보십니까?"

"예를 들어 신인이 25명 있는 FM 팀장과 신인이 3명 있는 FM 팀장이 같은 조에서 'FM 활성화'를 토론 주제로 제시하면 어떤 일이 벌어질까? 같은 FM 팀장이지만 현재 자신들이 고심하는 문제는 서로 전혀 다르지 않을까?"

"아, 골고루 조를 구성하면 서로 배울 것이 많다고 생각했는데 전혀 다른 이야기가 되네요."

"더 나아가서 이런 방법도 생각해볼 수 있겠지. 예를 들어 사전에 48명의 FM 팀장한테 이번 워크숍 때 꼭 토론하고 싶은 주제를 한 개씩 제출하도록 하면 우선 현장에서 필요한 주제를 확보할 수 있고, 팀장들도 자신이 제시한 내용이 있으니 좀 더 관심을 갖고 참석해 워크숍이 성공요인을 안고 출발하는 거지."

"네, 그러고 보니 우리가 교육 전문가라는 생각에 모두가 만드는 것이 맞다고 생각했는데, 교육도 교육생과 협업할 때 내용이 더 풍부해진다는 걸 이해했습니다. 이후에는 반드시 그렇게 하겠습니다."

리더는 사람을 버리지 않는다

이런 사전 미팅 이후 FM 팀장 워크숍이 준비되었고, 나는 다양한 신인의 영업 능력을 향상시키는 FM 팀장들에게 평소 꼭 전달하고 싶은 내용으로 인사말을 했다.

여러분, 바쁜 일정 속에서도 오늘 하루 워크숍에 참석해주셔서 고맙습니다.

오늘은 제가 읽은 책 중에서 우리의 역할과 매우 밀접한 이야기를 해볼까 합니다.

야구 선수 중에 국가대표까지 지냈던 이진영이란 선수가 있습니다. 원래 외야수였는데 주전 1루수가 부상당하자 그 유명한 김성근 감독이 이진영 선수를 지명합니다. 그런데 놀라운 사실은 소위 야구선수, 그것도 잘나가는 국가대표 이진영 선수가 공을 무서워한다는 겁니다.

이해가 되십니까?

아시는 바와 같이 1루수는 매번 자신을 향해 던지는 공을 수단과 방법을 가리지 않고 받아내야 하는 자리잖아요? 어쨌든 1루수로 연습하는데 공이 무서워서 쩔쩔매고 있었습니다. 여러분이라면 어떻게 하겠습니까?

이때 김성근 감독은 기상천외한 조치를 합니다. 포수 장비를 주고는 그걸 입고 하라는 것이었습니다. 공을 무서워하니 포수 장비로 몸을 싸매고 하면 되지 않겠냐고, 농담이 아니고 결국 이진영 선수는 그걸 착용하고 연습했습니다.

감독이 직접 펑고를 쳐주니 도망가지도 못하고 이리 뛰고 저리 뛰고, 눈물 콧물 범벅되면서 훈련했죠. 이진영 선수의 말로는 정말 엉엉 울면서 공을 받았답니다.

그런 훈련이 효과 있었던지 이후 이진영 선수는 외야수뿐만 아니라 1루수까지 소화하는 만능선수가 되었지요.

김성근 감독이 쓴 『리더는 사람을 버리지 않는다』라는 책에 나온 내용입니다. 직관적으로 이해할 수 있는 책의 제목이지요?

저는 우리 FM 팀장님들한테 딱 한마디만 하라고 하면 이 "리더는 사람을 버리지 않는다"라는 말을 하고 싶습니다.

지금 여러분 팀은 정말 다양한 신인으로 구성되어 있지요. 소속된 인원의 수만큼 다양한 특성을 지니고 있을 겁니다. 이런 특성들을 어떻게 좋은 방향으로 사용하게 하는가가 우리 리더들의 몫입니다.

부디 육성 리더인 여러분 마음속에 꼭 '리더는 사람을 버리지 않는다'라는 말을 새기시길 바랍니다.

도입이 늘 우선순위가 아닌 이유

지점에서 도입이 중요하다는 것은 명확한 사실이다. 그러나 그런 고정된 생각이 간혹 더 원하지 않는 결과를 가져오기도 한다.

안양사업부 J 지점의 경우 오랜 기간 신인 도입이 좋지 않았고, 그 결과 실적도 지속적으로 부진했다. 그러다보니 본부에서는 지점장을 교체하는 카드만 반복해서 썼고 후임 지점장 또한 반복적으로 영업 실적이 부진했는데, 이번에 새로운 지점장이 부임한 이후 예상외로 갑자기 실적이 상위로 올라가 직접 지점을 방문했다.

"J 지점장, 실적이 많이 좋아졌네?"

"네, 모두 플래너들이 힘을 합쳐 노력한 결과입니다."

"그렇겠지. 그런데 좀 짓궂은 질문을 하면, 그러면 그전엔 플래너들이 힘을 합치지 않았다는 이야기인가? 사실 과거나 지금이나 같은 플래너들 아닌가?"

"맞습니다. 플래너는 변함이 없습니다. 최근 신인 도입이 거의 없었으니까요."

"그런데?"

"우선 지점에서 운영하는 시책을 조금 변경했습니다."

"어떻게?"

"2개월 전 부임해 시책을 보니 그동안 신인 도입이 잘 안 되어 신인 도입 활동에만 과도하게 시상 제도를 진행해 실적에는 오히려 시상이 거의 없었습니다. 이걸 조정해 정상적으로 실적에 따른 시상 제도를 시행했더니 실적이 정상적으로 이루어진 것 같습니다."

"그러니까 그동안 안 되는 신인 도입에만 더욱 시책을 부여해 실적을 올리려는 의욕조차 꺾어버린 상황이었다는 거네?"

"네, 그걸 조정해서 실적은 향상되었지만, 신인 도입 부진은 여전한 상황이라 어떻게 해야 할지 난감한 상황입니다."

"순리대로 하는 것이 답 아닐까?"

"순리대로 하라니, 그게 무슨 말씀이신가요?"

"그래, 지점장이 이미 이야기한 것처럼 플래너의 마음속에 신인 도입이 없는데 신인 도입에만 모든 자원을 투입하다보니 지점의 모든 것이 망가졌잖아. 그래서 그동안 얼어붙어 있던 플래너의 마음을 녹이는 것이 훨씬 중요하다고 생각했고, 실제로 지점장의 의도에 지점 플래너들이 응대하고 있으니 당분간 실적에 더 무게중심을 두고 지점을 운영하라고. 신인 도입이 중요하긴 하지만 점포가 신인 도입만 하라는 것은 아니지 않은가? 본부에서도 J 지점은 당분간 신인 도입 관련 부분을 유예하도록 할 테니 지점장은 그동안 상처받은 플래너들의 마음을 잘 가꾸도록 해. 그것이 선순환되면 신인 도입도 자연스럽게 올라올 거야."

실제로 몇 차례 연속 J 지점의 실적이 상위에 올라 지점이 활력을 되찾자 플래너 스스로 지점의 성장을 위해 신인 도입 활동을 늘려가는 모습을 보였다.

이 경우는 영업 현장에서 시사하는 바가 매우 컸다.

나 자신도 조직 육성 활동이 80%가 되어야 한다고 줄곧 이야기해왔지만, 여건 자체가 안 되는 곳에도 예외 없이 같은 정책을 쓰는 것은 결코 올바른 방법이 아니라고 판단했다.

사실 근래 들어 정책에 대한 현장 근무자의 고정된 사고를 계속 주시하고 있었다.

현장에서는 회사 정책을 이유도 묻지 않고 무작정 따라야 하는 절대적 지침으로 여겨 운영되는 경향이 많았다.

그 결과 J 지점처럼 구성원 모두가 신인 도입에 지치고 부정적인 생각이 꽉 차 있는 곳에서도 오로지 신인 도입만 외치면, 다른 용도로 쓰일 자원을 모두 신인 도입에 퍼붓는 상황이 펼쳐지는 것이다.

우리가 신인 도입을 하는 목적이 무엇인지 생각하고 내가 처해 있는 환경을 잘 살펴보면 다양한 방법이 나올 텐데 고집스럽게 '신인 도입'에만 매달린 결과였다.

정책이란 현장에 맞춰 유연하게 적용해야 성공할 수 있다.

이런 생각의 변화를 담을 수 있는 예시가 뭘까 생각하다 불현듯 고슴도치와 여우의 우화가 떠올랐다.

데이터 분석 전문가인 네이트 실버가 쓴 『신호와 소음』에서 과거와 다른 시각으로 사용한 이 우화를 이번 콘퍼런스에서 활용해보기로 했다.

고슴도치와 여우

한달 뒤 모든 직원이 참석하는 콘퍼런스가 진행되었다.

여러분 한 달이 참 빨리 지나가죠?

오늘은 신인 도입이니 정착이니 하는 생각을 잠시 내려놓고 옛날이야기를 해볼까 합니다.

지금부터 2,500여 년 전에 만들어졌다고 알려진 이 이야기는 고슴도치와 여우라는 그리스 우화입니다.

약삭빠른 여우가 동네 새끼 고슴도치를 잡아먹으려고 고슴도치가 지나가는 길목에서 온갖 트릭과 재주를 동원해 고슴도치를 함정으로 유인하지요.

마침내 막다른 구석에 몰아넣는 데 성공합니다.

이제 한입에 잡아먹을 일만 남았다는 생각에 여우는 회심의 미소를 짓지요.

이 절체절명의 상황에서 어린 고슴도치는 불현듯 엄마의 말을 떠올립니다.

"만약 위험에 빠지면 오로지 하나만 기억해라. 힘을 주어 네 몸의 가시를 뾰족하게 세우면 아무도 너를 해칠 수 없을 거야."

이 말을 기억해낸 새끼 고슴도치가 몸에 힘을 주어 가시가 온

몸을 보호하자 여우는 할 수 있는 방법이 없었지요.

결국 여우는 쓴 입맛만 다시다 그 자리를 떠났다는 이 이야기를 우리는 잘 알고 있습니다.

이 우화로 인해 잡다한 여러 가지 잔재주보다 하나라도 똑 부러지는 핵심 역량에 집중하라는 것이 거의 모든 경영 서적에 전가의 보도(대대로 집안에 전해지는 명검)처럼 나오지요.

하지만 저는 다른 이야기를 하고자 합니다.

오바마의 대통령 재선 당시 유일하게 전 선거구의 결과를 맞힌 네이트 실버라는 데이터 전문가는 『신호와 소음』이란 책에서 이젠 '고슴도치가 아니라 여우'의 시대라고 주장합니다.

한때 세계 필름의 80%를 공급했던 코닥이 디지털 시대에도 필름을 고집하다 허무하게 무너졌죠. 이런 사례는 정말 차고 넘칩니다. 즉 지금 옳다고 생각하는 것이 언제고 옳지 않은 것으로 변할 수 있는 세상인데, 고슴도치처럼 그동안 옳았다고 그것만 고집하다 흔적도 없이 사라지는 세상이요.

그러면 우리는 이런 세상에서 어떻게 올바른 길을 찾아 나갈 수 있을까요?

네이트 실버는 말합니다.

큰 방향은 70~80% 정도만 맞아도 그 방향으로 가라고요.

중요한 것은 그 이후입니다.

진행하면서 내·외부의 변화를 지속적으로 관찰해 끊임없이 거기에 맞게 수정해나가야 코닥처럼 혹은 노키아처럼 일거에 무너지지 않고 살아남는다는 것입니다.

오바마 선거에서 네이트 실버는 자신의 이야기를 증명해 보입니다.

오바마는 초반에 대단히 불리했고, 그런 현장을 주시한 당시 고슴도치형 평론가들은 끝까지 오바마가 질 것으로 예상했지요.

사실 이건 초반에는 맞는 이야기였습니다. 그러나 네이트 실버는 데이터를 수집하면서 시간이 갈수록 오바마 쪽으로 기울어지는 변화를 감지했습니다.

이에 처음 확인된 데이터만 가지고 수정 없이 고슴도치처럼 고집을 부린 것이 아니라 여우처럼 변화하는 데이터를 계속 수정하면서 최종적으로 오바마의 승리를 예상했습니다.

결과는 어떻게 되었을까요?

그가 예상한 50개 주 선거구 결과가 한 치의 오차도 없이 맞아떨어지면서 오바마는 그의 예측대로 승리했습니다.

우리는 어떻게 일하고 있나요?

우리는 그동안 실적의 선행 지표는 신인 도입이라고 생각했습니다.

그건 틀리지 않습니다.

그러나 신인 도입을 모든 것의 우선순위로 놓고 일단 많은 사람을 입사시키는 것이 맞느냐 하는 점에서는 의문이 생기지 않나요?

이제 다 알고 있는 바와 같이 J 지점처럼 환경이 조성되지 않을 경우 오히려 신인 도입을 후순위로 놔야 된다는 것을 알았습니다.

신인 도입이 최우선 선행 지표가 아니라 정착이 더 핵심 요소라는 것을 우리는 찾지 않았나요?

이것이 바로 '고슴도치가 아니라 여우'라는 겁니다.

큰 그림에서 70~80%가 통계적으로 맞는다고 생각하면 우리는 그 방향으로 출발하는 것이 맞습니다.

중요한 것은 거기서 생각을 멈추는 것이 아니라 이후 환경과 변화를 보면서 끊임없이 올바른 방향이 무엇인지 찾아 나가야 한다는 것이지요.

그런 의미에서 실적의 선행 지표는 신인 도입이 맞습니다.

그러나 더 앞으로 나가면서 우리는 신인 도입이 가장 앞이 아니라 그 자리는 정착이었다는 것을 알게 되었습니다.

그러면 이것이 끝일까요?

저는 지금 모릅니다.

왜냐하면 환경은 늘 변하고 우리의 능력도 계속 변하기 때문
이지요.

그러니 고슴도치처럼 어떤 일정한 시점에 확인된 핵심 역량
이 다인 것처럼 머물지 말고 여우처럼 끊임없이 변화에 맞는 방
법을 찾아가보자는 것입니다.

그렇게 하다보면 우리도 어느새 가장 올바른 방법으로 목표
를 향해 가고 있지 않을까요?

우리 모두 힘을 합쳐 슬기롭게 해나가 봅시다.

고맙습니다.

정착이 안 되는 이유

현재까지 파악된 선행 지표 중 가장 중요한 정착률 상승을 위
해 다양한 토론이 이어졌다.

우선 도입 대상자가 올바로 선정되고 관리되도록 플래너, 지점
장, 사업부장에 이르는 면담 체계를 보완했다.

입사 후에는 육성지점장과 코칭 리더가 소개 시장을 활성화하
도록 교육 커리큘럼은 짰다.

신인 플래너들은 3개월간 육성실에서 교육받은 후 소속 지점

으로 가면 FM 팀장이 바통을 이어받아 '리더는 사람을 버리지 않는다'는 슬로건하에 지속적으로 육성해나갔다.

그러나 여전히 탈락자는 일정 수준으로 계속 나왔다.

"지원부장?"

"네, 본부장님."

"정착률 높이기 활동을 위해 더 할 수 있는 일이 없을까? 왜 탈락자가 끊임없이 나올까? 구체적으로 보면 왜 특히 육성실에서 3개월간 교육을 마치고 소속 지점으로 간 뒤 탈락이 눈에 띄게 늘어나는 것일까?"

"그 문제는 전에도 여러 번 검토해본 내용입니다."

"그럼 이유가 있다는 건가?"

"어느 정도 타당하다고 생각되는 이유가 있습니다."

"그게 뭔가?"

"우선 입사 후 3개월 동안은 입사 동기들끼리 육성실로 출근해 같이 교육받고 함께 활동하니 동료들과 잘 어울립니다."

"아, 군대에서 신병교육대 동기 같은 기분이겠네."

"그렇습니다. 모르는 것이 있어도 육성지점장이나 코칭 리더가 늘 옆에서 알려주니 불편한 것도 없고, 실수를 해도 크게 부끄러울 일이 없지요."

"나도 신입사원 교육 시절이 어렴풋이 생각나네. 아, 그립다."

"아마 모두 같은 감정일 겁니다. 그런데……."

"그런데?"

"3개월 교육과정이 끝나 각 소속 지점으로 배치되면서 갑자기 환경이 달라지니 상당히 불안정해지죠. 심지어 동기들끼리만 지점을 만들어주면 안 되냐고 투정하는 사람도 있고, 아예 육성실에 계속 있겠다는 사람도 있으니까요."

"역시 군대로 치면 신병 훈련이 끝나고 자대 배치받을 때 가기 싫은 것과 같은 모양이네."

"비슷한 것 같습니다."

"그래서 지점으로 옮겨간 뒤에도 FM팀으로 우선 배치해 12차월까지는 거기 있게 한 것 아닌가?"

"맞습니다. 그런 이유도 충분히 감안되어 신인 전담 팀으로 FM팀을 만든 거죠."

"그런 상황에서도 누구는 적응을 잘해 대형 플래너가 되기도 하지 않는가?"

"네, 거기에 초점을 맞춰야 할 것 같습니다."

"그러니까 누구는 적응해서 정착을 잘하고 누구는 정착을 못하니 그 차이를 보자?"

"네."

"그럼 어떤 사람이 정착을 잘하고 어떤 사람이 주로 탈락하는 건가?"

"정착 여부를 결정하는 건 시장 확보라고 생각합니다."

"시장 확보라……."

"네, 육성실에서 3개월 동안 시장을 잘 확보해 가망 고객이 많은 사람은 지점에 와서도 계속 활동이 이어지지만, 그렇지 못하고 주변 지인들로 계약을 체결해 근근이 버틴 사람은 그 주변 고객이 고갈되는 순간 활동할 근거가 없어지는 거죠."

"그런 경우 소위 갈 곳이 없게 된다는 말이네?"

"일반적으로 3개월간 교육을 받으면 상품뿐만 아니라 매우 전문적인 보험 관련 지식을 쌓을 수 있습니다. 이 말은 결국 지식이 부족해서 탈락되는 게 아니라 갈 곳이 없어서 탈락되는 경우가 대부분이라고 할 수 있습니다."

"그러면 3개월간 어떻게 해야 시장을 확보할 수 있을까?"

"지난번 안양사업부에서 신인간담회를 앞두고 이야기되었던 10콜도 중요한 방법 중 하나고요, 소개 시장을 잘 가꾸었을 경우 가망 고객을 확보하는 것으로 파악되었습니다."

"그렇지, 교육받는 3개월 동안 육성실에서 각자 가망 고객 노트를 만드니까 3개월 동안 확보한 가망 고객 수를 확인할 수 있겠네."

"네, 교육이 끝나도 그 내용을 그대로 가지고 지점으로 가면

FM 팀장이 그 자료를 토대로 신인들의 활동을 도와주는 것이 선순환의 모습입니다."

"그러면 FM 팀장은 그 가망 고객 노트만 봐도 플래너가 정착할지 탈락 가능성이 있는지 어느 정도 예상할 수 있을 테고?"

"네, 일정 부분은 그럴 수 있다고 생각합니다."

"그래, 다시 앞으로 돌아가서, 그럼 그 소개 시장을 확보하지 않거나 못하는 이유가 있을까?"

"네, 정확히 말씀드리면 입사해 주변 사람에게 부담을 주지 않겠다고 아예 접촉하지 않는 사람이 종종 있습니다."

"그러면 그분들은 어디서 활동하지?"

"네, 그것이 가장 커다란 문제입니다. 그냥 3개월 내내 상품 공부, 화법 공부만 열심히 해 전문성은 갖추었지만 가장 가까운 몇 사람에게만 보험을 체결해 최소 계약만 유지하며 교육 기간을 마치는 경우가 종종 있습니다."

"아, 기본 수당을 위한 최소한의 계약 체결만 하니 실제적으로는 영업 활동이 거의 없다는 거네?"

"네, 그런 상황이 되지 않도록 영업 활동을 독려하고 활동 위주로 시상을 전개하지만 육성지점장의 일이 많아 활동을 일일이 체크하지 못하는 경우 그런 상황이 벌어지곤 합니다."

"교육도 잘 받고 롤 플레잉으로 화법도 익숙한 플래너들이 주변 지인 시장을 소개 시장으로 슬기롭게 전환하지 못해 시장 확보가 안 되는 경우네."

"네, 그렇습니다."

"그럼 이런 현상은 과거에도 있었던 일인가, 아니면 요즘에 일어난 현상인가?"

"과거에는 지인 시장을 공략하지 않고도 성공한 사람이 많습니다."

"아니, 그게 무슨 말인가?"

"실은 우리 본부 베테랑 플래너 중에는 지인 시장도 있지만 개척 시장을 공략해 성공한 분이 훨씬 많습니다."

"개척 시장?"

"본부장님이 알고 계시는 H 사장님, A 사장님 등이 모두 개척 시장에서 성공한 분입니다."

"개척 시장이라면 나도 어느 정도 알고 있는데. 1990년대 초중반 내가 영업소장일 때 서울에서도 직역(직장, 지역) 개척이니 직단(직장, 단체) 개척이니 하는 용어가 막 나오고 실제로 생명보험회사의 유능한 직단 개척 전문가가 내 영업소로 오면서 크게 실적을 올린 적이 있기에 잘 알고 있지."

"그때 저도 영등포에서 근무하고 있었기에 그 분위기를 기억하고 있습니다."

"맞아, 한동안 유행했었지. 그런데 그 후 서울에서는 외부 사람들의 출입을 통제하는 기계적 시스템을 도입하면서 출입 허가 카드가 없으면 아예 들어갈 수 없는 상황이 되어 개척 영업이란 단어가 소리 소문 없이 사라진 걸로 알고 있는데?"

"네, 서울은 그랬지만 여기 경인 지역은 계속 양적 발전이 이루어져 인구도 지속적으로 늘고 상업 지구도 계속 확대되면서 최근까지도 개척 영업이 있어왔습니다. 그러나 여기도 지금은 서울처럼 개척 영업의 맥이 점차 끊어지고 있는 상황입니다."

"그러니까 전에는 지인 시장을 갖지 못했어도 상당히 많은 플래너가 개척 영업을 통해 성장했는데 요즈음은 그런 시도를 잘 안 하고 있다는 뜻이네?"

"네, 그러다보니 본부에서도 개척 영업에 대한 교육이나 시책을 과거처럼 적극적으로 하지 않습니다."

"그래, 어쩌면 개척 영업이 위축되면서 지인 시장이 별로 없거나 그 시장을 공략하지 못해 과거보다 탈락하는 경우가 더 많을 수도 있겠네⋯⋯."

J 팀장과의 대화에서 개척 시장을 결심하다

이건 작은 문제가 아니다.

조직 육성이란 말 그대로 교육과 훈련을 통해 능력 있는 플래너를 육성한다는 것인데, 그러면 그런 플래너들이 실제로 영업 활동을 해야 하는 '시장'은 누가 관리해야 하는가?

물론 플래너가 영업의 주체이니 시장 또한 각자의 몫이다. 그리고 지점장 등 관리자들이 별도로 시장을 가지고 있는 것도 아니기에 플래너에게 시장을 줄 수도 없다.

그러나 지인 시장, 소개 시장 등에 대한 개념 정리 및 시장 구축 방법과 관리 방법에 대한 연구, 나아가 새로운 개념의 시장 개발을 오로지 플래너 스스로 해야 하는 것일까? 지점이나 사업부는 이런 일에서 자유로울 수 있을까?

생각이 여기에 이르자 개척 시장이 다시 머릿속에서 움직였다.

그래, 또 물어보자!

본부에서 J 팀장이 사업부장으로 발탁되어 영전하는 좋은 일이 생겼다.

J 팀장에게 축하도 하고 당부도 할 겸 점심을 하자고 했다.

"J 팀장, 축하해."

"고맙습니다."

"팀장도 관리자이긴 하지만 사업부장은 아주 다른 업무라는 것 잘 알지? 팀장은 사업부장을 도와 사업부를 끌어왔지만 사업부장은 스스로 의사결정을 해야 하는 위치라는 것이 가장 큰 차이일 거야."

"네, 저도 그렇게 생각합니다."

"그런데 스스로 의사결정을 해야 한다는 것이 무엇을 의미할까? 쉽게 이야기하면 내 조직 안에서는 내 의사결정에 대놓고 반대 의견을 내는 경우가 거의 없다는 뜻이야. 예를 들면 점심을 같이 먹으러 가자고 할 경우, 오늘 된장찌개 먹으러 가자고 하면 설사 그걸 좋아하지 않으니 다른 곳으로 가자고 할 직원이 있겠느냐는 말이지."

"오히려 된장찌개가 건강에 좋다고 말하면서 동참하겠지요."

"그게 조직의 생리야. 기억하겠지만 내가 본부에 처음 와서 사업부 회식 때 오리고기가 준비된 걸 보고 오리고기 찬양론을 펼쳤더니 본부 전체가 본부장이 오리고기를 좋아한다며 한동안 오리고기 집으로만 회식 장소를 잡았잖아. 나는 아무런 지시도 안 했는데 말이야."

"과거엔 전통적으로 본부장님이 좋아하는 음식으로 회식 장소를 정하는 것이 당연한 일이었는데, 본부장님이 오신 후 식사 종류를 말씀하지 않으셔서 처음엔 준비하는 직원들이 오히려 어려움이 많습니다."

"엉? 자신들이 먹고 싶은 것으로 정하라고 했는데, 왜?"

"본부장님이 하나를 정해주시면 좋든 싫든 아무도 이야기하지 않는데 준비하는 직원이 알아서 정하면 직원들 간에 불만이 생기는 경우가 있거든요. 그래서 이후에는 직원들이 먹고 싶은 음식을 사전에 설문해 예산 범위 내에서 정하다보니 지금은 모두 만족하고 있습니다. 사실 완전히 새로운 문화로 자리 잡은 거죠."

"그게 내가 J 팀장한테 하고 싶은 가장 중요한 이야기야. 그 조직의 장은 구성원들에겐 절대 권력자이기에 자신에게 정말 치명적인 악영향이 없는 한 절대로 상사의 의견에 반대하지 않아. 소위 완장이란 성격이 생리적으로 그렇다는 거지. 그래서 리더의 정말 중요한 덕목 중 하나가 '겸손'이란 거야. 어디서나 언제나 나의 몫을 가장 뒤에 놓고, 의사결정도 가장 나중에 해서 구성원들의 생각이 자연스럽게 나오도록 하는 문화를 만들면, 결국 구성원 모두가 자기 역할을 하게 되어 조직의 최대 효과가 나올 수 있는 거지."

"네, 앞에서 '나를 따르라'가 아니라 직원들이 앞으로 나갈 수 있도록 도와주는 역할이 리더의 몫이란 말씀이시지요?"

"이제 더는 할 말이 없으니 하산해도 되겠네, 하하."

"하하."

"그런데 J 팀장한테 물어보고 싶은 것이 있는데?"

"어떤?"

"팀장은 여태까지 줄곧 영업 현장에 있었잖아. 그동안 우리 영업 환경도 계속 변해왔고. 그런 시각에서 볼 때 개척 영업에 대해 어떻게 생각하나?"

"저는 그 문제에 대한 생각이 확고합니다."

"확고하다면?"

"저희 사업부는 말할 것도 없고 본부 전체로 볼 때도 지금 대형 플래너로 활동하는 절대다수는 개척 영업을 통해 성공한 분들입니다. 그리고 저는 지금도 그래야 한다고 생각합니다."

"내가 알기로 서울의 경우는 출입 통제가 심해 개척 영업 활동이 거의 불가능한 것 같은데?"

"활동 방법을 단순하게 큰 빌딩을 기준으로 하드웨어적인 통제 시스템에 맞추기 때문에 그런 생각을 하는 것 같습니다. 제가 아는 한 서울 강남 한복판에서도 개척 영업으로 성공한 분이 허다합니다. 고객에게 필요한 상품을 고객의 편의를 고려하는 방법으로 발전시키면 어디든 가능하다고 봅니다."

"고객에게 필요한 상품과 편의를 고려하는 방법이라……."

"한동안 유치원 같은 교육기관을 대상으로 영업한 분이 있었는데, 개인적으로 지인도 아니고 아무런 연관이 없어도 상대에게 그 필요성을 잘 부각시킴으로써 시장을 개척해 성공했습니다. 그뿐만 아니라 새로운 상업 지구의 경우, 속속 입주하면서 필요한 보험이 있어도 누가 이야기해주지 않으면 스스로 보험을 들겠다는 사람이 많지 않습니다. 그래서 그냥 있다가 사고가 나서 큰 곤욕을 치르는 경우도 많지요. 그런 상황을 설명하며 특히 의무보험 등을 안내하면 전혀 지인 관계가 아니어도 자연스럽게 고객이 될 수 있는 곳이 개척 시장입니다."

"그렇군. J 팀장이 마지막으로 나한테 큰 선물을 줬어. 고마워."

지난 6개월을 돌아보며

경인본부로 부임한 지 6개월 동안 지나온 길을 돌아보았다.

영업에서 실적은 가장 명확한 목표 중 하나다. 그러나 전적으로 플래너들에게 의지하는 지역본부의 경우, 어쩌면 실적은 결과일 뿐 그 동력은 플래너인 것이 당연하다. 물론 영업 현장에서도 당연히 플래너 위주의 정책과 활동을 펼치지만 종종 실적 위주의 정책과 회의를 하고 그와 관련된 의사결정과 활동을 하는 것이 사실이다.

그러다보니 분명히 플래너에 의해 실적이 쌓이는 프로세스인데도 마치 실적 따로 플래너 따로인 정책과 활동이 당연하다는 듯이 나타났다. 따라서 초반부터 조직 육성의 중요성이 80%라면 활동도 80%를 하자고 했다.

이후 실적의 선행 지표인 신인 도입에 대해 본부 전체가 3개월간 구체적인 활동과 토론을 반복하며 실제로 신인 도입을 둘러싼 환경에 매우 상세하게 접근할 수 있었다.

결국 도입은 플래너가 활동할 때 가능한 방법인데, 플래너의 도입 활동 동인은 시책과 화법도 중요하지만 '정착'이 제일 우선임을 확인한 것이 지난 시간에 얻은 매우 중요한 성과였다.

정착은 신인이 입사해 영업 활동을 잘해야 개인과 회사에 모두 바람직한 결과를 만들어낸다. 또한 단순히 자신의 정착뿐만 아니라 신인 도입을 망설이는 입사 예정자에게 '아, 저 회사에 가면 영업 활동을 잘해 길게 다닐 수 있구나' 하는 영향을 미치며, 신인 도입 활동을 하려는 플래너도 내가 소개하면 회사가 책임지고 정착시킨다고 생각해 그 어떤 시책이나 화법보다 영향이 클 수밖에 없다.

3개월여 교육 관련 내용과 육성 과정에서 일어나는 상황을 살펴보니 상품, 판매 화법 스킬도 당연히 중요하지만, 교육 기간 중 가망 고객을 지속적으로 확보하려 노력해 지인 시장에서 벗어나 소개 시장을 만들어낼 때 정착할 수 있음이 확인되었다.

그런데 플래너마다 여건이 다르다보니 교육 기간 중 상품, 화법 교육을 훌륭히 소화하고 실제로 이론적으로 잘 무장되어 있어도 자기만의 시장을 만들어내지 못하자 결국 주저앉는 경우가 생겼다.

회사도 그렇고 플래너 당사자도 3개월이란 짧지 않은 교육 훈련 과정을 겪었음에도 탈락하는 상황을 방치하며 또다시 새로운 도입 활동으로 입사자를 찾는다는 것은 너무나 안타까운 일이며 자원 낭비란 생각이 들었다.

입사한 플래너가 모두 영업을 잘해 정착하면 좋겠지만 현실은 그렇지 않았다.

L 사장님이나 K 대표처럼 정착을 잘한 사람은 입사 때부터 영업을 하려는 의지가 명확했다. K 팀장의 경우는 신인 도입에 10년을 기다리며 정착 가능성을 높이기도 했다.

이런 경우들을 보면서 정착의 두 가지 축이 있음을 확인할 수 있었다.

플래너들에 의한 신인 도입 프로세스이기 때문에 면담 등을 통해 정착 가능성이 높은 후보자를 찾아내는 노력이 한 축이라면, 또 다른 축은 입사 후 10콜, 소개 영업, FM 팀장 제도 등 정착을 위한 정책이 현장에서 그 취지에 맞게 운영되도록 끊임없이 노력하는 것이다.

이렇게 단단하게 정착되면 신인 도입 또한 동력을 받아 선순환 구조가 형성되는 것이다.

또한 그런 선순환 구조에 승선하지 못해 자기만의 시장을 만들지 못한 플래너를 어떤 형태로든 성과를 만들어내도록 하는 것 역시 회사의 몫이라 생각하며 묻고 또 묻다가 마침내 '개척' 활동에 도달하게 되었다.

개척 영업의 현실

개척팀이라는 아이디어

개척 영업의 동력 '절박함'

처음부터 다시 설계한 개척팀 프로젝트

드디어 본부에서 개척팀이 출발하다

변화는 느닷없이 찾아온다

용기, 세기, 끈기

간담회에서 길을 찾다

지점장도 변하기 시작하다

현장이 답이다

개척 영업은 개척 영업으로만 끝나지 않는다

개척 영업에서 '증권 분석'이라는 보석을 찾다

증권 분석을 본부 차원에서 끌어올리다

3장

개척 영업으로
본부를
혁신하다

개척 영업의 현실

　새해를 맞아 첫 회의를 하는 수원사업부에서 '개척'이란 화두를 던졌다.

　"새해 복 많이 받으세요."

　새해 첫 회의라서 이렇게 회의 시작 인사를 건넸다.

　"여러분, 오늘은 개척 영업이란 주제를 가지고 대화를 하고 싶습니다. P 사업부장, 수원사업부는 개척 영업을 하고 있나요?"

　"네, 하고 있습니다."

　"어떤 식으로 하고 있나요?"

　"주로 신입 플래너들 중심으로 하고 있습니다. 아무래도 처음 영업을 하다보니 갈 곳 없는 분이 종종 있습니다. 그래서 육성지점장이 안내장을 만들고, 원하는 분들에 한해 교육 및 지원을 합니다. 플래너들은 주 1회 정도 현장에 나가고요."

"현장이라면 어디를 말하나요?"

"주로 주변의 상가 지역을 대상으로 나갑니다."

"지원이란 어떤 것을 말합니까?"

"안면도 없는 곳에 맨손으로 갈 수 없으니 육성지점장이 적절한 상품을 선정해 거기에 맞는 상품 안내장을 만들고, 필요에 따라 여행용 휴지나 목캔디 같은 저렴하면서도 쓸모있는 선물을 제공합니다."

"좋아요, 그래서 어떤 결과가 있었나요?"

"사실 한 번 만나서 고객이 되는 경우는 없습니다. 여러 번 찾아가 안내장을 준다고 해도 크게 진전되지 않고요."

"그런데 왜 그런 활동을 하는 거죠?"

"개척 활동은 영업 체결이 목적이라기보다는 영업이라는 두려움을 다소 완화시키는 훈련이라고 생각하기 때문입니다."

"오케이, K 지점장한테 같은 질문을 해볼게요. 그 지점은 개척 활동을 합니까?"

"네, 3개월 육성 교육이 끝나 지점에 오신 분 중 갈 곳이 마땅치 않은 분들 중심으로 자의 반 타의 반 개척 활동을 합니다."

"자의 반 타의 반이라?"

"마땅히 갈 곳이 없는 분 중에 저한테 와서 지원 요청을 하는 경우가 있습니다. 안내장이나 사은품 등을 3개월 정도 활동비로 지원해주면 열심히 해보겠다는 분도 있고요. 제가 보기에 상품 지식은 많으나 갈 곳이 없어 매일 책상에서 공부만 하는 분도 있는데, 그런 분들에게 지원할 테니 외부 활동을 해보면 어떻겠냐고 권하기도 합니다."

"육성실 때보다는 상품 지식도 더 많고 계약 체결도 해봤으니 결과가 좀 있습니까?"

"네, 안면을 트고 나면 보험 상품에 대해 문의도 하고 고객이 되기도 합니다. 하지만 아무런 성과가 없는 경우도 많습니다."

"성과가 없을 때 지점장은 어떤 조언이나 조치를 합니까?"

"제 경험상 한 달 동안 같은 곳을 다녀도 아무런 성과가 없다가 두 달 만에 결과가 나오는 경우도 보았습니다. 그래서 너무 조급하게 생각하지 말고 지속적으로 해보라고 격려합니다."

"만일 석 달이 지나도 결과가 안 나오면 어떻게 합니까?"

"사실 특별한 답을 가지고 있지는 않습니다."

"개척 영업을 그 정도만 기대한다고 생각한다는 거네요?"

"네, 말씀드리기 죄송하지만, 개척 영업의 한계가 아닌가 생각합니다."

"혹시 사업부장은 이 문제에 대해 다른 생각을 가지고 있나요?"

"솔직히 말씀드리면 저를 포함해 지점장들은 직접 개척 영업을 해본 적이 없기 때문에 그 이상 어떤 제시를 하기가 어려운 실정입니다."

"나도 그 말에 동의합니다. 그러나 개척 영업을 해본 사람만 개척의 기술을 알고 운영하는 것은 아니라고 생각합니다. 중요한 것은 개척 영업이 필요한가 하는 점이죠. 다시 이렇게 질문해보겠습니다. 수원사업부에서 갈 곳이 없는 분한테 개척 영업이 필요할까요?"

"네, 그건 분명히 필요합니다."

"그럼 두 번째 질문으로 넘어가, 개척 영업이 과거에는 잘되었는데 지금은 왜 잘 안 될까요?"

"솔직히 말씀드려 관리자들이 개척 영업을 잘 모릅니다."

"그러면 우리가 도입에 대해, 면담에 대해, 그리고 소개 시장 등에 대해 토론하고 실행하면서 답을 찾아나갔듯이 개척 영업도 그렇게 하면 안 될까요?"

"저희 사업부 자체로 말입니까?"

"그렇게 반문하는 것은 사업부 자체로는 좀 어려울 것 같다는 소리로 들리는데요?"

"말씀드리기 죄송합니다만, 솔직히 그렇습니다."

"좋아요. 그렇게 솔직히 말해주는 것이 나한테는 매우 중요합니다. 가능성이 없는 것을 본부장이 말한다고 그냥 시행하는 것처럼 위험한 일은 없으니까요. 오히려 내가 현재 상황을 명확히 이해하게 해주어 고맙습니다. 이거 진심이라는 것 다들 아시죠? 하하."

개척팀이라는 아이디어

수원사업부를 비롯해 8개 사업부 모두 같은 반응이었다. '개척 영업'에 대한 두려움이 생각보다 컸다. 이유는 명확했다.

내가 영업소장, 지금의 지점장으로 근무하던 시절에는 영업을 전문으로 하다가 영업소장으로 발탁되는 경우가 많았다. 그래서 당시에는 영업소장이 영업 현장의 생생한 상황을 직간접적으로 경험하기 쉬웠다.

그러나 이후 관리형 지점장 제도로 바뀌면서 거의 대부분 영업을 직접 해본 경험이 없는 대리, 과장들이 현장 스태프 근무를 토대로 지점장 역할을 하기 때문에 상대적으로 영업 현장의 감이 떨어질 수밖에 없었다. 하물며 아무 정보도 없이 소위 맨땅에서 개척 활동을 해야 하는 개척 영업의 경우에는 더 말할 나위가 없었다.

지점장의 역할은 플래너가 활동 중에 일어나는 여러 애로사항을 들어주거나 해결해주는 것인데, 개척 영업에 관한 한 할 수 있는 것이 거의 없는 상태였다.

그러다보니 한 달 동안 빈손으로 들어오는 개척 활동 플래너에게 "개척 영업이란 원래 그런 것이다. 활동하다보면 3개월 만에도 결과가 나오기도 하니 열심히 해라"라는 말만 앵무새처럼 할 수밖에 없었다. 그러니 아무리 본부장이 관심을 갖고 이야기해도 선뜻 나서는 관리자가 없었던 것이다.

내가 이렇듯 개척 영업에 고심하고 있을 즈음, 본부의 교육을 전담하는 N 실장이 방으로 들어왔다.

"본부장님, 드릴 말씀이 있습니다."

"엉, 뭔데?"

"저는 개척 영업이 필요하다고 생각합니다. 실제로 본부 교육 시간에 개척 영업을 위한 강의 커리큘럼도 만들고, 강사들을 만나보면 분명히 필요하다는 걸 느낍니다."

"그런데 사업부장들이 선뜻 나서지 않으니 문제지."

"본부에서 개척팀을 운영하면 어떨까요?"

"본부에서 개척팀을 운영한다고?"

"어설프게 사업부에서 하면 지금처럼 형식적으로 운영될 가능성이 있으니 우선 본부에서 모양을 만든 후 성공하면 사업부로 확대하는 것도 방법일 것 같습니다."

"본부 지원부에 그걸 운영할 여력이 있을까?"

"부족하지만 제가 틀을 잡고 본부 C 코칭 리더가 달려들면 가능할 것 같습니다."

"C 코칭 리더?"

"네, 영업을 실제로 했고 팀을 이끄는 능력도 탁월하니 해볼 만합니다."

"이거 천군만마를 얻은 기분인데? 그래, 한 명이 되었든 열 명이 되었든 심혈을 기울여 해나가다보면 답이 나오지 않겠어? 그렇게 해보자고."

이렇게 본부 개척팀을 운영하기로 한 뒤 계획을 세워나가기 시작했다. 우선 본부에서 개척팀을 운영하겠다고 커리큘럼을 만들어 사업부에 공표했다.

3일간 일정으로 본부에서도 알아주는 개척 영업의 달인들을 강사로 섭외하기로 했다. 동반 현장 실습도 하며, 한 달간 활동을 위한 물품도 지원하기로 했다. 한 달간 활동하며 교육과정을 수료할 경우 이후 2개월간 추가 지원을 하기로 했다. 그러자 예상을 훌쩍 넘은 60여 명이 신청했다.

출발이 좋다고 생각하고 있는데, N 실장이 보고했다.

"본부장님, 이 리스트를 봐주시지요."

"이게 무슨 리스트지?"

"네, 개척팀 대상 강사 리스트입니다."

"아, 여성 두 분에, 남성 한 분이네."

"네, 이 세 분은 사실 서로 다른 환경에서 서로 다른 성향의 개척을 통해 성공한 분들입니다."

"짜임새가 좋군. 여성과 남성이 다 있는 것도 좋고 나이 분포도 넓어서 좋아."

"그럼 이대로 할까요?"

"아, 그건 좋은데, 내가 이분들을 한번 만나보면 어떨까?"

"본부장님이 만나주시면 진행하는 저로선 너무 좋지요."

"아, 그런 해석이 있었네? 하하. 물론 그런 의미도 있지만 그분들을 직접 만나보면 개척의 생생한 이야기를 들을 수 있을 것 같아서 말이야. 또한 이후 이 일을 진행할 때 어떤 것에 초점을 맞춰야 할지 팁을 얻을 수도 있을 테고."

"네, 그럼 그렇게 준비하겠습니다."

개척 영업의 동력 '절박함'

며칠 후 개척팀 강사들과 점심 식사 장소에서 만났다.

"본부에서 너무도 유명한 세 분을 만난다는 생각에 잠을 설쳤습니다, 하하. 바쁘신 가운데도 흔쾌히 강의를 맡아주셔서 진심으로 감사드립니다."

"아닙니다, 오히려 저희가 고맙습니다."

가장 연장자인 H 팀장이 먼저 이야기를 이어받았다.

"사실 제가 입사했을 땐 이런 강의가 있지도 않았고, 누구도 방법을 알려주지 않아 수많은 실수와 판단 착오 등을 겪으면서 시장을 개척했는데, 본부에서 이런 팀을 만든다고 해서 너무 감사했습니다."

"아, 입사하셨을 땐 이런 과정이 없었나요?"

"뭐든 혼자 해야 했죠. 그래서 힘든 경우가 너무 많았습니다."

"아, 그러셨군요. 그런데 H 팀장님은 어떻게 개척 영업을 하게 되셨나요?"

"네, 실은 남편이 규모는 작지만 그래도 직원 몇 명 두고 사업을 했는데, 상황이 어려워져서 사업을 접었습니다. 그러다보니 저라도 집안 경제에 보탬이 되어야겠다는 마음에 입사했지요."

"아, 그렇게 영업을 시작하셨군요. 남편께서 사업을 하셨으면 그래도 지인이 꽤 있었겠네요?"

"네, 그런데 그 점이 제가 완전히 다른 생각을 하게 만들었습니다."

"무슨 문제라도 있었나요?"

"입사 후 교육을 받으면서 우선 지인들에게 영업한다는 것을 알리기도 할 겸, 원래 남편 사업장이 있던 건물에 갔습니다. 거기 직원들은 저를 사모님이라고 불렀었죠."

"그런데요?"

"제가 보험영업을 하게 되었다고 하니까, 바로 손사래를 치면서 다시는 오지 말라고 쫓아내다시피 하더라고요."

"정말요?"

"그 정도가 아니라, 제가 나가는데 뒤에 대고 소금을 뿌리더라고요."

"아니, 어떻게 그럴 수가 있죠?"

"너무 서러워서 많이 울기도 했지만, 그때 깨달았어요. 절대 지인에게는 가지 않겠다고요."

"충분히 이해가 되네요."

"그런데 그것이 저에게 약이 되었지요. 모르는 사람한테 보험을 권유하려면 신뢰를 얻어야 하는데, 그렇게 하려면 가장 기본적으로 보험 전문가가 되어 전문성을 가지고 승부를 걸어야겠다고 생각했지요."

"네에, 아픔을 딛고 전문가가 되려는 노력을 하신 거군요."

"보험영업을 하려면 이미지 관리도 매우 중요합니다."

Y 팀장이 이야기를 이어갔다.

"Y 팀장님은 세련된 차림새가 눈에 띄는데 그런 것을 말씀하시나요?"

"네, 맞습니다. 저는 어디를 가든 항상 검은색 정장을 애용합니다. 특히 상가를 방문할 때 이 차림은 공무원 같은 이미지를 주어 상대가 저를 약간 경계하는 분위기를 유도할 수 있는 강점이 있습니다."

"을의 입장이 아니라 갑의 분위기를 만든다는 거네요?"

"아, 그런 것은 아니고요. 차림새가 허술할수록 사람을 무시하는 경향이 있으니까요. 저 역시 지인 시장을 버리고 막다른 개척 시장으로 들어왔기에 이 시장에서 살아남기 위해 말투랑 맵시에서 전문가적인 분위기를 만들려고 많은 노력을 했습니다. 다른 플래너들과의 차별화 없이는 생존이 불가능하다는 생각 끝에 연구하고 연구해서 만든 콘셉트지요. 결국 제가 보험 전문가임을 보여주는 것이 중요하다고 생각해요."

"아, 그러셨군요. 그럼 20대 중반 청년 나이에 시작한 R 팀장님은 어떠셨어요?"

상대적으로 여성이 많은 플래너 사이에 개척 영업으로 성공해 팀장까지 하고 있는 R 팀장에게 물었다.

"저도 돌이켜보면 할 말이 참 많지요. 집 앞 약국을 쳐다보면서 수십 번도 더 망설인 끝에 출입하기 시작했습니다. 그러나 그것이 끝이 아닙니다. 3개월간 발이 부르트도록 지역을 다녔지만 겨우 두 건 계약한 것이 다였습니다. 그러나 그런 활동이 밑거름이 되어 그 후 무엇이든 어떤 어려움이든 주저하지 않고 시도하는 용기를 갖게 되었으니 개척이야말로 지금의 저를 만들어준 소중한 활동이라고 생각합니다."

여기까지 이야기했는데 정말 궁금한 것이 남아 단도직입적으로 물었다.

"사실 정말 궁금한 것이 있는데요, 그런 행동이나 활동을 할 수 있었던 진짜 동력이 뭘까요? 즉 개척을 하는 데 가장 필요한 것이 뭘까요? 세 분은 개척으로 성공한 동인이 뭐라고 생각하세요?"

그러자 정말 놀랍게도 동시에 합창하듯 대답했다.

"절박함요!"

3시간 반 동안 많은 이야기를 나눴지만 결국 개척은 '절박함'이 없으면 성공할 수 없는 활동이라는 것을 명확히 깨달았다.

처음부터 다시 설계한 개척팀 프로젝트

사무실로 돌아와서 '절박함'이란 부분을 어떻게 적용할지 연구했다.

"N 실장."

"네, 본부장님."

"개척팀 지원자가 60여 명이라고 했지?"

"네, 맞습니다."

"그거 다 폐기하고 다시 신청을 받아."

"네? 이미 받은 지원자 리스트를 폐기하고 다시 받으라는 말씀인가요?"

"그동안 본부에서 교육한다고 하면 지원자가 취합되잖아? 그때 그 교육 지원자는 어떤 절차로 신청하고 결정되나?"

"일반적으로는 본부에서 교육 계획을 만들고 그 계획을 사업부에 전달하면 사업부에서 지점으로 전달하고 지점장이 지원자를 정해서 보내고 있습니다."

"이번 경우에도 마찬가지였겠지?"

"네, 그렇습니다."

"그러면 이 지원자들은 스스로 지원한 걸까, 아니면 본부에서 교육하고 지원 물품도 주니까 지점장이 등떠밀어서 지원한 걸까?"

"개척 영업은 일반적으로 어렵다고 생각해 스스로 지원한 사람은 많지 않을 겁니다. 반면 지점장 입장에선 갈 곳이 없어 하루 종일 사무실에 있는 분들을 어떻게든 활동할 수 있도록 하는 거니까, 더군다나 본부에서 3일 집중 교육과 판촉물 지원까지 해준다니까 얼씨구나 하고 보냈을 것 같습니다."

"나도 그럴 거라고 생각해. 그런데 개척팀이 그런 분위기에서 출발하면 결과가 어떨까? 어제 개척 강사들이 성공 제1요소로 '절박함'을 꼽은 것과 비교하면 어떨 것 같나?"

"네, 그런 면에서 보면 분명 문제가 있어 보입니다."

"그래서 지원자를 다시 취합하자고 한 거야. 지점장은 현재까지 나와 있는 3일간의 커리큘럼과 지원제도를 반드시 숙지한 뒤 지원을 받되, 이번엔 지원자의 자필 신청서를 받아보았으면 해."

"네, 그렇게 하면 일반 교육처럼 아무 생각 없이 참석하는 사람을 기본적으로 걸러낼 수 있겠네요."

"다시 한번 말하지만 참석자가 단 한 사람이라도 좋으니 교육 취지를 정확히 설명하고 본인 의사에 따른 지원자만 받도록 하자고."

"네, 그렇게 하겠습니다."

그렇게 새로운 마음으로 개척팀 운영에 대한 태도를 다시 정하니 개척팀 운영 내용도 좀 더 세밀하게 만들어지기 시작했다.

최종적으로 정리된 개척팀 운영은 다음과 같았다.

1. 교육 철저(본부 최고 개척 강사 섭외 및 트레이너 활용, 이후 FM 팀장 현장 훈련 보조 참여)
2. 지원제도(판촉물)
3. 활동 독려 프로그램 실시(월 8회 활동 및 밴드에 활동 후기 등재)
4. 관련자들의 적극 참여(현장에서 나타나는 질문 해결 및 격려)
5. 정상적인 활동을 수행해 수료하면 다음 달에도 교육과 지원 실시.

이런 내용으로 다시 개척팀 지원자를 모집해 20명이 최종으로 참여하게 되었다.

드디어 본부에서 개척팀이 출발하다

드디어 개척팀이 출범하게 되었다.

첫날 지원자 20명과 개척 강사 및 진행자가 참석한 가운데 단상에 섰다.

여러분 반갑습니다.

개척팀으로 활동하기 위해 아침 일찍 참석해주신 여러분께 우선 감사의 말씀을 드립니다.

오늘은 3,000여 년 전 이야기를 해볼까 합니다.

한 거인이 마주 보는 언덕 중턱에 서 있었습니다.

청동 투구를 쓰고 전신 갑옷을 두른 그는 키가 2미터 넘는 거구였습니다.

그는 던지는 창과 찌르는 창, 그리고 칼을 차고 있었습니다. 그 앞에는 보초병 한 명이 커다란 방패를 들고 서 있었고요.

그 거인이 이렇게 외쳤습니다.

"너희는 한 사람을 택해 내게 내려보내라. 그가 나를 쓰러뜨리면 우리가 너희의 노예가 될 것이다. 그러나 만일 내가 이겨 그를 쓰러뜨리면 너희가 우리의 노예가 되어 우리를 섬겨야 할 것이다."

그렇지만 아무도 나서는 사람이 없었습니다.

그때 헝겊대기를 걸친 양치기 소년이 나와서 왕에게 자신을 보내달라고 했습니다.

왕은 용기는 갸륵하지만 너처럼 어린아이가 상대할 일이 아니라며 승낙하지 않았죠.

그러자 소년이 단호하게 말했습니다.

"저는 그보다 더 흉악한 상대와도 겨뤄보았습니다. 사자나 곰이 와서 제 양을 물어가면 저는 쫓아가서 수십 차례나 그것들을 쓰러뜨리고 양을 구해왔습니다."

선택의 여지가 없자 왕은 소년에게 갑옷과 좋은 칼을 주라고 명령했습니다.

그러나 소년은 그것도 거부하고 매끄러운 돌 다섯 개를 주워 어깨에 멘 가방에 넣었습니다. 그러고는 쏜살같이 언덕으로 내려가 주운 돌 중 하나를 꺼내 가죽 투석 주머니에 넣고 무릿배질로 상대에게 날렸습니다.

그 돌멩이는 거인의 투구 바로 아래 비어 있는 이마 정가운데 박혔고, 그가 쓰러지자 소년은 그의 칼로 목을 베어버렸습니다. 그렇게 해서 전쟁이 끝났지요.

이건 누구의 이야기입니까?

모두들 "다윗과 골리앗요!"라고 대답했다.

그렇습니다. 우리가 알고 있는 그 다윗과 골리앗을 말콤 글래드웰이란 사람이 펴낸 책에서 강자를 이기는 약자의 기술로 이 이야기를 끄집어냈습니다.

우리는, 우리 신인 개척팀은 보험영업 시장에서 강자일까요 아니면 약자일까요?

방카(은행)의 신뢰도, 온라인의 싼 가격, GA의 수수료 체계 등과 비교할 때 우리는 분명 약자일 겁니다.

그러나 다윗이 골리앗을 어떻게 쓰러뜨렸나요?

맞습니다. 돌멩이로 무시무시한 거인을 쓰러뜨렸지요.

우리도 그런 돌멩이가 있으면 되지 않을까요?

그 돌멩이가 우리에겐 무엇일까요?

저는 '고객의 신뢰'가 우리의 유일한 돌멩이라고 생각합니다.

개척 활동은 우리의 모든 노력을 통해 '고객의 신뢰'를 만들어내는 것이고, 그 돌멩이가 만들어질 때 그 어떤 강자도 극복할 수 있다고 생각합니다.

우리는 오늘부터 3일간 본부 최고 개척 전문가와 함께 개척과 관련해 공부하며 기술을 익히고 실습을 통해 나만의 돌멩이를 만들어나갈 겁니다.

꼭 성공하시길 진심으로 바랍니다. 고맙습니다.

정착의 답을 찾을 수도 있겠다는 생각에 개척팀을 시작해놓고 시간 나는 대로 진척 상황을 지켜보았다.

특히 교육 후 매주 최소 두 번씩 현장 활동을 하고 사진을 찍어 밴드에 올리도록 한 뒤 밴드에 글이 올라오면 언제든 댓글로 격려했다. 담당실장, 코칭 리더도 질문이 올라올 때마다 즉시 답변해주었다.

그 결과 한 달 동안 규정대로 활동한 플래너는 20명 중 10명이었다. 수료한 10명에게는 다음 달에도 보충 교육과 판촉물 지원을 하기로 했다.

변화는 느닷없이 찾아온다

다시 같은 방법으로 2기를 모집하자 1기보다 많은 27명이 지원했다.

이들도 3일간 교육이 끝난 후 첫째 주와 둘째 주까지 1기와 비슷한 비율로 활동자와 미활동자가 나타났다.

그런데 정말 생각지도 못한 상황이 전개되었다.

1기 때는 활동 밴드에 글이 올라오면 나와 담당자만 질문에 답하거나 격려 댓글을 달았는데, 2기는 동료들이 활동한 사진과 글에 서로 격려 댓글을 달기 시작했다. 그러다보니 단순 격려로 끝나던 댓글에 변화가 왔다.

격려 댓글에서 벗어나 활동에 대한 의견을 구하면 동료들이 의견을 내어 토론이 진행되고, 팀 소속 사업부장과 지점장들도 댓글을 달아 글 하나에 수십 개의 글이 붙었다.

글은 밤낮을 가리지 않고 올라왔다.

스태프가 늦은 시간에는 자제하는 것이 어떠냐고 건의해왔다. 밤늦게 댓글 알람이 울리면 구성원들이 불평할 수 있다는 이유에서였다. 그러나 나는 그냥 두자고 했다.

글을 올리는 이유는 수료 기준 때문이기도 하지만, 밤늦게까지 활동한 후 때론 기뻐서 때론 너무 속상해서 하소연하려는 것임을 잘 알고 있었기 때문이다. 또한 그 알람 소리가 듣기 싫은 사람은 알람을 끄면 되기 때문에 문제없을 거라고 생각했다.

나는 이 밴드를 위해 24시간 전화기를 손에서 놓지 않았다. 그리고 글이 올라올 때마다 거의 맨 먼저 댓글을 달면서 엄지손가락 아이콘을 올렸다.

새벽 1시에 글이 올라와도 마찬가지였다. 그날 있었던 일에 대한 절절함이 묻어나 이 조직의 수장인 내가 당신들을 언제나 응원하고 있다는 것을 알려주고 싶었기 때문이다.

나중에 알게 되었지만, 그들은 나를 엄지손가락 본부장이란 별명으로 부르고 있었다.

한번은 이런 내용의 글이 올라왔다.

조기 축구회를 타깃으로 아침 일찍 따뜻한 보리차를 보온병에 담아 회원들이 올 때 주려고 나갔다. 그런데 회원 중 한 사람이

다가와 다짜고짜 스폰을 해달라고 요구했다.

돈을 벌려고 왔는데 보장도 없는 기부를 해달라니 어떻게 해야 하나 속상하다며 하소연하는 내용이었다.

그러자 동료들과 개척 강사들의 댓글이 달리기 시작했다.

다양한 의견(차라리 다른 곳을 가라 등등)이 올라왔다. '축구공을 하나 사서 큰 글씨로 자신의 이름을 써서 주면 공을 찰 때마다 그 이름을 볼 테니 투자라면 투자 아닌가 하는 글까지 올라왔다. 그 말이 맞든 틀리든 고민되는 상황을 계속 올리다보면 기발한 아이디어가 나오는 경우도 있었다.

이는 3일 교육은 받았으나 활동이 없던 사람들에게 큰 자극이 되었다.

같이 교육받을 때 자신 없어 하던 옆 동료가 현장을 다니면서 고객 상담을 위한 고객정보 동의를 확보하거나 자동차 보험이 만기되었다고 바로 체결해오는 후기를 보면서, 무활동자가 다시 활동을 개시하는 소위 역주행이 나타난 것이다.

결국 2기는 27명이 교육받았는데 26명이 수료하는 쾌거를 이루었다.

용기, 세기, 끈기

이후 3기, 4기에 이르기까지 본부 주관 개척팀은 계속되었다.

놀라운 사실은 4개월 동안 활동하면서 등록된 밴드가 1,000여 개 넘었다는 것이다.

처음 용기 내어 N 실장과 코칭 리더 주관으로 본부 개척팀을 시작했는데 100여 명에 이르는 개척 활동자가 생겼고, 그로 인해 개척에 대한 노하우가 피부로 느껴질 만큼 쌓여갔다. 하지만 규모가 커지다보니 본부 교육 담당자의 일이 감당하기 어려운 상황에 이르렀다.

2기가 끝날 즈음부터 일이 많아진다고 느꼈는데, 나에게 보고하지 않은 채 두 담당자가 때론 밤늦게까지 각 플래너의 요구를 해결하고 자료를 만들어나갔던 것이다. 그러던 어느 날 심하게 수척해진 두 사람의 모습이 눈에 들어왔다.

왜 그렇게 몸이 상할 정도로 말도 없이 일했냐고 물었더니, 많은 사람이 반신반의했던 프로젝트가 이렇게 성공하다보니 솔직히 힘든 줄도 몰랐다고 말해 너무 고맙고 미안했다.

그러나 하고자 하는 인원이 계속 늘어나자 더는 본부 단위로 계속 운영하는 것은 무리라는 의견이 나오기 시작했다.

결국 4기까지만 본부에서 팀을 운영하고, 쌓인 노하우를 이전

해 원하는 사업부부터 사업부 단위 개척팀을 운영하는 것으로 방향을 잡았다.

그러자 가장 먼저 안양사업부가 사업부 단위로 운영하겠다고 손을 들었다. 처음 하는 사업부 단위였기에 본부에서 실시했던 방식을 그대로 이식시키기로 했다.

3일간의 교육도 본부에서 강사를 지원하고 첫날 개강 식사에 나섰다.

여러분 개척 영업에는 세 가지 기가 있어야 한다고 생각합니다.

세 가지 기란 뭘까요?

첫 번째는 용기입니다.

문을 열고 들어갈 용기가 있어야 합니다.

아주 오래된 이야기를 해보겠습니다.

그러니까 지금부터 20년 정도 전에 저에게 있었던 이야기입니다.

당시 서울에서 영업소장, 그러니까 지금의 지점장을 하고 있었습니다.

마침 연고 영업의 한계를 이야기하면서 이젠 개척해야 한다는 이야기가 많았는데 당시 사업부장부터 개척 영업을 접해본

적이 없으니 어찌할 바를 모르고 있었습니다.

그때 한 지점장이 제안했습니다.

우리가 먼저 개척 활동을 직접 해보자고요.

그러자 갑자기 진도가 나가기 시작했습니다.

사무실이 광화문에 있었는데, 근처 낙원 악기 상가에 가보면 어떻겠냐는 의견이 나왔습니다.

빌딩 전체가 대형 악기 전문 상가이니 모두 좋다고 했지요.

단 사업부장부터 지점장 모두가 동시에 함께 해보기로 했습니다.

말은 그렇게 했지만 영업 경험이 없는 지점장들은 걱정이 태산이었죠.

약속한 시간이 되어 사업부장과 지점장들이 모두 악기 상가 입구에 모였습니다.

각각 통로 한쪽 줄을 맡아서 100미터가량 길게 이어져 있는 상가에 들어가 명함을 주고 이야기를 나눈 뒤 통로 맨 끝에서 만나기로 했습니다.

저와 같은 통로 반대쪽 줄을 맡은 지점장은 시작과 동시에 상가에 들어가 웃음소리가 날 정도로 이야기를 하고 또 나와서 다음 상가로 들어갔습니다.

그 지점장은 플래너로 15년 넘게 직접 영업을 한 분이었기에 사람을 만나는 것을 전혀 두려워하지 않았습니다.

그러나 그런 경험이 없는 저는 발이 천근만근처럼 떨어지지 않아 상가의 문을 열지도 못하고 주인에게 무슨 말을 해야 할까 입으로 중얼거리기만 하며 10분 넘게 서성였습니다.

그러다가 결심했지요.

지점장이 상가 문을 열고 인사도 하지 못하면서 어찌 플래너들에게 이런 활동을 이야기할 수 있을까 하는 생각에 용기를 내어 문을 열고 들어가 말하려고 하는데, 거꾸로 상가 주인이 제 옷에 있는 배지를 보며 "현대해상에서 오셨네요? 여기 다른 분들도 많이 와요"라며 먼저 말을 걸더라고요.

그 후 상가에 들어가 아무 어려움 없이 명함도 주고받고 상품이나 보상 이야기도 하면서 무사히 미션을 마쳤습니다.

저는 이 경험을 통해 용기가 얼마나 중요한지 깨달았습니다.

그런 의미에서 본다면 여러분은 이 자리에 온 것만으로도 이미 용기를 내신 겁니다.

두 번째는 세기입니다.

문을 여는 데는 용기가 필요하지만 상대를 가망 고객으로 또 진짜 고객으로 만들기 위해서는 무엇보다 전문성이 있어야 합니다.

어떤 분은 달변가가 아니라서 영업을 못 한다고 하십니다.

전혀 그렇지 않습니다.

오히려 내용의 깊이 없이 떠들기만 하는 사람보다 중요한 내용을 성의껏 설명하는 사람을 더 신뢰합니다.

그러니 중요한 것은 잔재주가 아니라 실력이지요.

여기서 말하는 실력이란 보험의 지식뿐만 아니라 관계를 만들어내는 기술이 중요하다는 것입니다.

예컨대 제가 아는 한 분은 다육이를 아주 잘 키웁니다. 그래서 관계를 좀 더 지속하고 싶은 분에게는 다육이를 선물합니다.

다육이를 키워보신 분은 아시겠지만 물 주는 간격을 잘 모르면 속절없이 죽고 맙니다.

그분은 가망 고객에게 다육이를 주면서 그냥 놔두라고 합니다. 그러고는 자신이 방문할 주기를 다육이 물 주는 날짜와 맞춥니다.

어떤가요?

상가 주인이 좋아하지 않을까요?

그런 것이 자기만의 기술이죠. 저는 이걸 세기라고 합니다.

마지막은 뭘까요?

그렇습니다. 끈기입니다.

우리 일은 결국 끈기가 승부를 결정합니다.

그렇다고 무작정 버티라는 의미가 아닙니다.

일을 지속하다보면 풀리지 않는 것들이 생깁니다.

마치 차가 구덩이에 빠져 헛돌면 아무리 엑셀레이터를 밟아도 차는 빠져나오지 못하지요.

그 안에 나무든 자갈이든 넣어서 마찰력을 이용해야만 나올 수 있습니다.

끈기는 기존 방법만 고집스럽게 계속하는 것이 아니라 환경에 맞도록 끊임없이 관찰하고 새로운 방법으로 실행해나가는 과정을 이야기합니다.

개척 영업은 용기, 세기, 끈기라는 이 세 가지 기를 먹고 성장합니다.

여러분 모두 이 세 가지 기를 가지고 성공하길 기원합니다. 고맙습니다.

간담회에서 길을 찾다

이렇게 출발한 사업부 개척팀 구성원에도 여지없이 예상하지 못한 일들이 나타났다.

교육도 잘 받고 현장에 나가면 정말 씩씩하게 잘 활동하지만 노력과 상관없이 아무런 결과가 없는 경우가 종종 생겼다.

이럴 때 지점장이 앵무새처럼 "개척 영업이란 원래 다 그렇다. 참고 하다보면 성과가 있을 것이다"라고만 말해 결국 탈락자가 생기는 것이다.

J 플래너가 그런 경우였다.

매일 같은 시간 같은 장소에 활동을 나갔다. 그런데 정말 아무런 성과도 없었다. 그 흔한 보험사고 관련 문의도 없었다.

특별히 교육기간 내내 유심히 보았기에 원인을 분석해보았다.

일반적으로 마음이 약한 사람이 있다. 이런 사람이 용기를 낼 때는 영혼을 닫아버리고 숙제하듯 전단지만 열심히 돌린 뒤 사무실로 돌아온다. 어떤 이유로든 상처받을 것을 걱정해 아예 상대에게 정을 주지 않는다. 이런 경우에는 상대도 똑같이 반응한다. 영혼 없는 활동은 상대도 전혀 기억하지 못하기에 한 달 내내 활동해도 아무런 관계가 형성되지 않는 것이다.

그런 상황에서 경험 없는 지점장이 아무리 말해봤자 말 그대로 공자님 말씀이 되어버린다. 그래서 본부 개척팀에서 많은 성공을 거둔 밴드 운영 방식을 원용해 오프라인에서 할 수 있는 방법으로 문제를 해결해보기로 했다.

바로 간담회였다.

개척 영업에서는 매우 다양한 일이 일어나는데, 그 일에 대한 정답은 따로 없다는 것이 특징이다. 밴드에 글을 올리면 다양한 의견이 교류되면서 사고의 폭이 넓어졌듯이, 사업부에서는 모이기가 쉬우니 일주일에 한 번씩 간담회를 하다보면 답답한 부분이 해소될 수도 있고, 서로 다른 경험을 나누다보면 답을 찾을 수도 있겠다는 생각에서였다.

안양사업부장이 간담회 시작을 알렸다.

"자, 지금부터 간담회를 시작하겠습니다. 오늘은 특별히 3개월간 활동해온 개척팀 선배들도 함께 자리했고 본부장님도 참석하셨습니다. 먼저 본부장님이 한 말씀 하시지요."

"아, 아니요. 사실 여기에 계신 개척팀 여러분은 제가 많이 알고 있는 분들이잖아요? 거의 매일 밴드에서 대화를 나누고 있으니까요. 저는 오늘 투명인간처럼 있을 테니 밴드에서 이야기하듯 토론했으면 좋겠습니다, 하하."

"네, 그럼 투명 본부장님을 의식하지 않고 간담회를 진행하겠습니다, 하하."

"제가 먼저 말씀드리겠습니다."

A 플래너가 이야기하기 시작했다

"저는 친숙 활동에 자신 있다고 생각했습니다. 실제로 몇 번 출입하는 사무실이나 상가에 가면 인사도 잘하고 가끔 커피를 얻어 마시기도 하는데, 유독 A 법무사무실에서는 그게 잘 안 돼요."

"그게 잘 안 된다니, 그게 뭐죠?"

사업부장이 질문했다.

"지금 옆에 있는 K 언니가 출입하는 다른 법무사무실에 같이 따라갔는데, 여직원이 언니한테 커피도 주더라고요. 그런데 제가 가는 A 법무사무실은 그런 것이 없다보니 관계가 더는 진행되지 않는 것 같아요."

"그러니까 커피를 얻어 마실 수 있는 분위기가 되어야 그다음 진도를 나가는데, 그것이 잘 안 된다는 말씀이네요?"

"맞아요."

"이런 겨우 K 플래너님은 어떻게 하면 좋을 거라 생각하세요?"

"우선 질문이 있는데, 거기서 근무하는 분들은 A 플래너님이 오는 걸 별로 좋아하지 않나요?"

"꼭 그렇지는 않아요. 가끔 보험과 관련해 이야기하기도 하니까요."

"그럼 커피를 한번 달라고 해보시면 어때요?"

"그게 그러니까, 전에 한번 커피를 마시겠냐고 했는데, 마침 급하게 볼일이 있어서 괜찮다고 하고는 바로 나온 적이 있어서, 그런 말을 하기가 좀 그랬거든요."

"어쩌면 그것이 원인일 수도 있겠네요. A 플래너님은 커피를 좋아하지 않는다고 생각해 아예 권하지 않을 수도 있겠는데요?"

"그러면 어떻게 하는 것이 좋을까요?"

그러자 또 다른 플래너가 나섰다.

"그러지 말고 근처 비싸지 않은 테이크아웃 커피점에서 몇 잔 사가지고 가서 커피 한잔하세요, 하고 권해보세요. 그리고 나중에 갔을 때 저도 한잔 주세요, 하면 분위기가 부드러워지지 않을까요."

아주 단순한 방법이지만 비슷한 경험을 해본 사람들의 이야기라서 훨씬 설득력 있어 보였다.

매주 간담회를 열어 개척 시장에서 아주 사소하지만 잘 소화하지 못해 애먹는 경우, 많은 이야기를 나누면서 서로 관계 형성 기술을 공유하고 발전시켜나갔다.

지점장도 변하기 시작하다

이런 내용은 사업부 회의에서도 있었다.

인천사업부에서 역시 개척 영업을 하는 플래너의 지점장과 회의 중에 나온 이야기였다.

"S 지점장, 현재 지점에서는 몇 명이 개척 활동을 하나요?"

"세 분이 활동하고 있습니다."

"지점장은 어떤 역할을 합니까?"

"개척하는 분은 모두 신입 플래너이기 때문에 외부 활동이 끝나면 꼭 터치를 합니다."

"터치를 하면 좋은 결과가 나오나요?"

"이번에 좀 특이한 경험을 했습니다."

"특이한 경험이라니요?"

"네, 지난번에 본부장님께서 다른 사업부의 사례라면서 열심히 활동하는데 전혀 결과가 없는 J 플래너 이야기를 해주셨잖습니까? 저희 지점에서도 같은 상황이 벌어졌습니다."

"역시 활동을 꾸준히 하는데 결과가 없다?"

"네, 그래서 활동과 관련해서 조금 상세하게 질문해봤습니다."

"어떻게 질문했나요?"

"매일 상가에 가서 상품 관련 안내장을 돌리고 오는데 진전이 없는 것 같아 조금 구체적으로 들어갔죠. K 플래너님, 상가에 가면 사람들이 안내장을 잘 받아주던가요? 하고요."

"그랬더니요?"

"네, 아주 잘 받아준다고 하더라고요. 느낌이 조금 이상해서 가시면 상가의 누구한테 안내장을 드리나요? 하고 물었더니, 가게 앞에 계시는 할아버지나 할머니한테 주었다는 겁니다. 그분들은 소일거리로 아르바이트 겸 가게 앞에서 손님들을 맞이하는 분들인데, 안내장만 주는 것이 아니라 어떨 때는 캔디도 주고 어떨 때는 소형 부채도 주니 너무 좋아하지요. 다만 보험과 거리가 먼 분이 대부분이고, 특히 상가의 보험과 전혀 관련 없는 종업원일 뿐이니 매번 헛수고만 한 셈이었던 거지요."

"그래서 뭐라고 조언했나요?"

"그런 상가에는 통상적으로 주인이 상가 입구가 아닌 안쪽 카운터 쪽에 있으니 다음부터는 꼭 안쪽으로 들어가서 주인같이 보이는 사람에게 안내장을 전달하라고 했습니다."

"그렇게 했더니요?"

"완전히 다른 상황이 벌어졌습니다. 상가 주인이 화재보험에 대해 궁금해한다는 이야기를 듣고, 바로 자료를 만들어 화법 교육을 추가해서 보내드렸으니까요."

참으로 중요한 변화였다.

그동안 지점장들은 개척 영업에 대해 사실상 물품 지원 역할에 머물러 있었다. 영업을 직접 해보지 않았기에 플래너의 실적 관리, 행정 처리, 물품 지원 또는 상품 교육 등으로 자신의 역할을 한정 지어온 것이 사실이다. 그러다보니 개척 영업에서 일어나는 상황에 깊이 관여할 엄두를 못 냈는데, 간담회나 면담을 통해 플래너의 활동을 계속 주시할 수 있었다.

그 결과 지점장의 눈에도 문제점이 보였고, 이에 조언하며 대처해나가자 개척 시장에서 성과가 나타났다.

현장이 답이다

매번 영업 활동과 관련해 플래너나 지점장들과 대화를 하다 깜짝깜짝 놀라는 경우가 많다. 늘 현장이 중요하다고 이야기하지만 과연 우리는 현장을 어떻게 생각하는지 돌아보게 되는 것이다.

그래서 이번 콘퍼런스에서는 현장과 관련해 이야기해보기로 했다.

콘퍼런스가 시작되고 나의 인사말 시간이 되었다.

여러분, 제가 질문을 하나 해보겠습니다.

음식점의 주인은 보통 어디에 자리하고 있을까요?

네, 맞습니다. 보통 카운터에서 음식값을 받고 때에 따라선 자리 배치를 하고, 음식 재촉을 하고, 식탁 정리하라고 소리 지르는 일 등이 우리에게 익숙한 모습이지요?

그러나 이분은 전혀 다른 말을 합니다.

혹시 놀부보쌈이라고 들어보셨나요?

워낙 유명한 브랜드라 다들 알고 계실 겁니다.

지금은 본인이 소유하지 않지만, 소위 우리나라 외식업계 미다스의 손이라 불리는 오진권이란 분이 있지요.

그분이 말하기를 식당 주인의 자리는 카운터가 아니라 손님이 식사하고 떠난 식탁이랍니다.

무슨 말일까요?

이분은 원래 어렸을 적에 먹고 살기 힘들어 군대에 갔는데, 거기서 취사반장을 하면서 음식에 대한 눈이 틔었다고 합니다.

부대 옆에 보쌈집을 차려 운영했는데, 똑같은 보쌈을 주문해 놓고 어떨 때는 깨끗하게 다 먹고 어떨 때는 남기고 가더랍니다.

유심히 관찰하다 그 답을 찾았다고 합니다.

같은 보쌈이라도 20대 젊은이는 살코기가 많아 배가 두둑해지는 것을 좋아하지만 40대 이상 장년층은 소주와 함께 먹는 기름진 보쌈을 훨씬 좋아하더라는 것이지요.

이후 보쌈을 시킬 때, 고객이 어떤 층이냐에 따라 부위를 다르게 해서 내놓았더니 모두가 만족해하고, 음식점도 고기를 효율적으로 쓰게 되어 당연히 장사가 잘될 수밖에 없었다고 하더라고요.

그럼 우리의 문제로 돌아가보겠습니다.

사업부장과 지점장 여러분, 우리는 종종 현장이 답이라고 말하면서 현장의 중요성을 이야기하곤 합니다.

그렇다면 여러분은 지금 항상 현장에서 답을 구하고 있나요, 아니면 단지 현장에 있을 뿐인가요?

그 답을 그동안 있었던 개척 영업에서 나온 사례로 비교해보겠습니다.

한 달 넘도록 개척 활동을 했는데 아무런 결과가 없을 때, 만일 여러분이 "개척영업이란 원래 그런 겁니다. 계속하다보면 답이 나올 겁니다"라고 대답한다면 그건 그냥 현장에 있을 뿐입니다.

그러나 같은 질문에 "그동안 어디를 다니셨습니까? 누구를 만났습니까? 고객의 반응이 왜 그렇다고 생각합니까? 어떤 질문을 해봤나요?" 등 끊임없이 플래너의 활동에 대해 함께 고심하고 답을 찾으려 노력할 때 비로소 여러분은 진짜 현장에 있는 겁니다.

개척 영업은 개척 영업으로만 끝나지 않는다

본부장으로 부임해보니 직원들의 대화 대부분이 실적 달성 여부였다. 그러나 지금은 대화 대부분이 플래너, 개척, 면담 등으로 자연스럽게 변했다.

오늘은 본부에서 규모가 제일 큰 안산사업부 부장과 여러 이야기를 하게 되었다. 안산사업부는 처음으로 사업부에서 개척팀을 운영했다.

"본부장님, 개척이란 것이 참 묘한 것 같습니다."

"엉? 어떤 의미에서?"

"지인 시장이 없거나 있어도 그 시장에 가길 원치 않는 사람들이 절박한 심정으로 개척 영업에 뛰어들지 않았습니까?"

"그렇지?"

"그렇게 개척 영업을 하던 사람들이 시간이 지나자 지인 시장도 같이 공략하더라고요."

"그게 무슨 말이지?"

"개척 영업을 하려면 상대가 어떤 질문을 할지 모르니 상품에 대한 공부를 더 열심히 합니다."

"그건 그렇겠지."

"그뿐 아니라 본부장님께서 말씀하신 바와 같이 용기를 내어

문을 열고 들어가고 상품과 판매 기법 그리고 친숙해지는 방법을 현장에서 배우고 발전시키는 세기가 생기다보니, 그동안 외면해왔던 지인 시장이 눈에 들어온 거죠."

"영업에 자신이 붙으면서 안면이 아닌 실력으로 공략할 자신이 생겼다는 거네?"

"그렇습니다. 절박한 심정으로 전혀 모르는 사람들을 실력으로 설득해 고객으로 만드는 데 성공하다보니 지인 중에서 보험이 필요한 부분을 분명히 알 경우 다른 플래너에게 그 고객을 넘길 이유가 없는 것이지요."

"그게 바로 내가 늘 추구해왔던 여우론 아니겠나? 해보지도 않고 이건 될 거야 혹은 이건 안 될 거야, 라고 말하지 말고 일단 뛰어들면 답이 나오게 되지. 에디슨이 그 유명한 말을 했잖아? 수많은 실패를 한 것에 대한 질문에 '나는 실패한 것이 아니라 성공이 아닌 방식 하나를 발견했을 뿐'이라고. 그렇게 성공이 아닌 것을 하나씩 제거하다보면 결국 성공 방법을 찾는데, 이건 무조건 실행해야만 하는 거잖아. 옳다 그르다를 처음부터 고슴도치처럼 정하고 그 틀에서 고집만 부리는 것이 아니라 옳은 것도 해보다보면 안 되는 것이 있는 것처럼 반대로 어렵다는 개척을 했는데 오히려 지인 시장이 열렸다는 뜻 아닌가.『일본 전산 이야기』에서 나온 '즉시! 반드시! 될 때까지!'란 생각으로 여우처럼 답을 계속 찾는 것이 맞다고 생각해."

"한 가지 더 있습니다."

"뭔데?"

"올해부터 한 달 늘어난 4개월간 육성 교육을 마친 뒤 지점으로 오는 신인 중 특히 탈락자가 많아 갈 곳 없는 초보 플래너들 중심으로 개척팀을 시작하지 않으셨습니까?"

"그렇지?"

"그런데 실은 갈 곳 있다고 하는 플래너들도 문제가 있었습니다. 육성실에서는 동기들도 있고 타이트하게 일정관리를 해왔지만 지점에서는 상당한 부분을 스스로 하다보니 느슨해질 수밖에 없었습니다."

"그 문제는 분명히 있었지. 그래서 한 달에 한 번씩 집합 교육도 해보지 않았나?"

"네, 그렇게 해도 답이 잘 안 나왔는데, 개척팀을 하면서 완전히 흐름이 달라졌습니다."

"어떻게?"

"4차월까지 같이 있던 동기 중 개척팀에 편입된 플래너는 일정이 잘 짜여 규칙적으로 활동하고 판촉물까지 지원받다보니, 지인 시장이 있는 플래너들도 개척팀으로 들어오겠다고 해서 이제 5~8차월 플래너들은 모두 자연스럽게 개척팀에 들어와 있습니다."

"개척팀 운영으로 인한 또 하나의 부산물이 생긴 거네. 아주 좋은 부산물이, 하하하."

"그러다보니 사업부 전체가 개척 영업에 대한 노하우가 쌓이고, 지난번 본부장님도 보신 바와 같이 백설공주, 원더우먼 복장으로 개척 활동을 하는 등 지속적으로 발전하고 있습니다."

안산이 상업지구이고 영업용 택시가 모여 있는 곳이 많다보니 조금이라도 눈에 띄는 활동이 영업에 도움이 된다고 생각한 플래너가 백설공주나 원더우먼 복장을 하고 활동해 큰 성과를 낸 이야기였다.

이런 활동들은 다소 침체해 있던 안산사업부가 다시 날갯짓하는 데 큰 마중물이 되었다.

개척 영업에서 '증권 분석'이라는 보석을 찾다

그래서 격려차 안산사업부 개척팀 간담회에 참석해 플래너들과 이야기를 나누었다.

개척팀을 맡고 있는 O 실장이 오늘은 활동하면서 느꼈던 애로사항을 이야기해보자며 시작했다.

"네, 제가 활동하다 일어난 일인데요."

입사 6개월 차 신인이 이야기했다.

"몇 번 인사해 안면이 익숙해지면 자연스럽게 보험 이야기가 나오는데요, 문제는 이미 보험에 가입한 사람이 대부분이라는 겁니다. 보험에 가입했다고 하면 더는 할 말이 없더라고요."

그러자 다른 플래너가 말을 이어나갔다.

"저도 조금 친숙해지다보면 고객이 이미 가입한 타사 상품의 장점을 늘어놓는 경우가 있습니다. 또 어떨 때는 본인이 가입한 타사 상품의 증권을 가져와서 설명해달라는 경우도 있는데, 솔직히 타사 상품은 잘 모르기도 하고 겁나서 다음부터는 그 상가를 피하게 되더라고요."

그러자 O 실장이 의견을 냈다.

"우선 그 상황을 잘 판단해야 할 것 같습니다. 얼마 전 통계를 봤더니 우리나라 1인 평균 보험 가입이 3.6건이더라고요. 그러면 보험에 가입한 사람보다 가입하지 않은 사람 찾기가 훨씬 어렵고, 오히려 보험 가입이 안 되어 있는 사람이 더 이상하다고 생각될 정도입니다."

"그렇다면 시장에 대한 생각을 거기서부터 시작해야 하지 않을까요?"

내가 끼어들었다.

"아까 O 실장이 언급했듯이 우리가 현장에서 만나는 사람들은 기본적으로 보험을 들고 있죠. 그런 시장을 공략하려면 상대가 어떤 보험을 들고 있는지 확인하는 것이 우선순위가 되겠네요."

"맞습니다, 본부장님. 그래서 우리의 활동 방식이 지금과 완전히 달라져야 합니다."

"예를 들면?"

"예를 들면 '자동차보험 드셨나요? 혹은 암보험 드셨나요?'라는 식의 질문을 하면 안 됩니다. 즉 '현재 어떤 보험을 들고 계신가요?'라고 질문해야 한다는 겁니다."

"그래서 만약 들지 않았다고 하면 필요하다고 판단되는 상품을 권유하지만 들었다고 하면 거기서 활동을 멈춰야 하나요?"

"아닙니다. 보험을 잘 알고 균형 있게 가입한 고객이라면 문제가 없겠지요. 그러나 계약자 입장에서 지인이 보험 가입을 권유해 보장이 거의 없는 저축형 보험을 수십만 원씩 내는 경우도 있습니다. 그런 경우 십중팔구 고객은 보험을 많이 들었다고 생각하지만 막상 사고가 났을 때 지급되는 보험금이 생각보다 너무 적어 문제가 될 수도 있습니다."

"요즘은 그런 일이 줄었다고 하지만, 여전히 잠재해 있는 것이 사실이지요."

"그래서 지금은 보험회사나 플래너 중심이 아닌 고객 중심의 보험 가입 컨설팅이 필요한 것입니다. 그렇게 하려면 고객이 가입한 계약에 대한 분석이 우선 필요하고요."

"그렇게 하려면 우리는 어떤 준비를 해야 할까요?"

"둘로 나누어서 해야 할 것 같습니다. 사실 베테랑 플래너들은 이미 타사 상품에 대한 연구를 많이 하고 있습니다. 그런 분들의 도움을 받아 타사 상품 관련 교육 프로그램도 만들고요."

"두 번째는?"

"특히 개척팀에 있는 신인들의 경우 고객을 만났을 때, 계약하겠다고 성급하게 달려들 게 아니라 고객들이 보유하고 있는 증권을 분석해 알려주는 서비스를 한다고 생각해야 합니다."

"증권 분석이라……."

"네, 고객이 가입한 증권을 전문적으로 분석해드리겠다고 하는 거지요. 소위 '보장 자산 분석'을 제공하겠다는 식으로 시작하는 겁니다. 그래서 고객이 동의하면 회사로 돌아와 전문적으로 분석해서 고객에게 최적의 상품 구성을 제안하는 프로세스를 마련해야 할 것 같습니다."

"아, 오늘 간담회는 정말 중요한 점을 확인하는 시간이었네요. 여러분의 애로사항이 이렇게 간담회에서 노출되었기에 그 대책을 마련할 수 있었습니다. 바쁜 가운데 시간 내주셔서 모두 고맙습니다."

증권 분석을 본부 차원으로 끌어올리다

다시 발걸음이 바빠졌다. 빨리 본부로 들어가서 스태프들과 토론할 생각에 마음이 급해졌다. 늘 현장이 답이라고 말해왔는데, 이번처럼 명확하게 화두를 던져준 적은 없었다. 증권 분석이라니…….

사무실로 들어오자마자 지원부장을 찾았다.

"L 부장, 스태프들과 이야기 좀 했으면 하는데."

"네, 같이 들어가겠습니다."

평상시와 달리 다소 높은 톤으로 부르자 모두 다이어리를 들고 방으로 들어왔다.

"L 부장, 우리는 증권 분석이 어디까지 와 있을까?"

"네, 안 그래도 증권 분석이 중요하다고 판단되어 올해부터 분기에 한 번씩 하는 교육 커리큘럼에 넣었습니다."

"분기에 한 번이라, 그럼 그 교육에 몇 명 정도 참석하지?"

"30명 정도 참석합니다."

"우리 본부 소속 플래너가 3,000명 넘는데, 그렇다면 이제 시작한 거라고 보면 되겠네?"

"네, 맞습니다. 사업부별로 정보력이 뛰어나고 일을 잘하는 플래너들은 개별적으로 타사 상품을 분석해왔는데, 이번에 본부에서 아예 교육과정을 만든 겁니다."

"좋아, 실은 오늘 개척팀 간담회에서 들으니, 신인들의 개척 활동 과정에서 이 문제 때문에 애로가 많더라고. 그런데 증권 분석은 개척팀에 국한된 문제가 아니고 우리 본부에서 활동하는 모든 플래너에게 닥친 문제란 생각이 들어 서둘러 들어온 거야."

"본부장님 말씀은 훨씬 적극적으로 이 문제를 다루어야 한다는 뜻인가요?"

"그렇지. 현재 우리나라 1인 평균 보험 가입이 3.6건이라면, 우리 플래너들이 만나는 고객 중 보험을 들지 않은 사람이 아예 없다고 보고 영업 전략을 짜야 하지 않을까?"

"네, 그렇다면 분기에 한 번 신청자에 한해 교육하는 방식은 아닌 것 같습니다."

"그러면 우리가 할 수 있는 방법은 뭘까?"

"앞서 말씀드린 바와 같이 현장에서 보장 자산 분석이라고 하여 엑셀 표로 만들어 활용하는 사람들이 있습니다. 물론 상품에 강한 지점장들은 그 표를 가지고 플래너들에게 직접 도움을 주기도 하고요."

"좋아, 그렇다면 현재 우리가 가지고 있는 것을 먼저 최대한 활용해보는 것이 순서 아닐까?"

"현장에서 분석하는 방법을 취합해보자는 말씀이시지요?"

"그렇지, 나아가서 분석 툴에 대해 콘테스트 형식으로 시상하는 것도 방법이고."

"알겠습니다. 우선 증권 분석 방법을 사업부별로 수집해 우수한 자료를 제출하는 지점에 시상하고, 제출만 하더라도 본부 정책에 기여한 공로로 기본 시상을 하도록 해 최대한 참여를 독려해보겠습니다."

"하나 더."

"하나 더요?"

"그렇지, 사실은 하나가 더 필요해. 그런 증권 분석 능력이 있다고 해도 고객들에게 분석 의뢰를 받지 못하면 무용지물 아닌가?"

"그러니까 고객들이 증권을 분석해달라고 의뢰하는 방법이 필요하다는 말씀이시죠?"

"그래, 그 화법은 그동안 해왔던 화법에 없는 거니까, 교육팀이 그 답을 찾아주었으면 좋겠는데?"

"네, 우선 육성지점장, 코칭 리더, 사업부 교육실장 연석 워크숍을 통해 BPBest Practice 사례를 모으고 케이스별로 화법을 만들어보겠습니다."

"그렇게 증권 분석 표를 만들고, 고객의 분석 의뢰를 위한 화법까지 마련하면 그다음에는 어떤 조치가 필요할까?”

“매일 지점에서 이루어지는 정보 미팅 때 그 필요성과 방법을 전달하도록 하겠습니다. 더불어 활동 시책을 고객의 분석 의뢰 건수로 부여해 활동량을 늘리도록 하겠습니다.”

“우아, 이렇게 하면 ‘증권 분석’이라고 하는 새로운 전략 계획이 확실히 정리되겠네? 이제 우리 본부의 일하는 방식이 정말 스마트해졌어, 하하.”

그랬다.

사실상 증권 분석이라는 새로운 형태의 전략이 알파에서 오메가까지 만들어진 것이다.

그 출발은 당연히 현장이었다. 현장에서 과거와 다른 애로사항, 즉 고객들이 대부분 보험에 가입한 상태인데, 우리는 그동안 그 문제를 개인 플래너의 능력으로 해결하도록 방치해왔다.

그런데 플래너 중 가장 막내 격인 신인 개척팀에서 그 문제가 표출되었다.

개척팀 간담회에서 파악된 문제지만 사실 모든 플래너에게 적용되는 매우 큰 사안이었다.

이 문제를 본부 전체의 어젠다로 끌고 오면서 대책이 마련되었다.

첫째, 현장의 노하우를 취합해 본부 전체의 수준을 일시에 높인다.

둘째, 교육 관련자들의 연구를 통해 현장에서 바로 활용할 화법을 개발한다.

셋째, 전파 교육과 활동 활성화 시책을 동시에 전개한다.

이런 대책이 순서대로 진행되면서 현장에서 완전히 바뀐 영업 방식을 취하게 되었다.

증권 분석이 잘 정착되면 그 자체로도 실적 향상에 큰 도움이 되지만 신인 도입에도 매우 큰 영향을 주리라 예상되었다. 그곳에 가면 영업을 잘하게 된다는 입소문이 날 수 있기 때문이다.

정착의 한 축을 개척 영업으로 잡고 본부 주관 개척팀을 운영했다. 매우 불투명한 프로젝트가 개척 강사, 지원자 재선정, 밴드 활동, 간담회 등으로 이어지며 자리를 잡아나갔다. 본부 주관 4기를 마무리 지으며 그 노하우로 8개 사업부에서 사업부별 개척팀을 운영해 탈락 위험이 많은 5~8차월 신인의 활동을 완전히 체계화했다.

개척팀을 운영하면서 영업의 기본이 하나씩 재정립되어갔고, 현장의 목소리는 간담회와 토론을 통해 본부까지 즉시 전달되어

실제로 필요한 정책을 신속하게 세울 수 있었다. 그런 현장과의
소통을 통해 경인본부는 증권 분석이라는 영업방식을 전국에서
가장 빠르게 본부 단위로 시작하게 되었다.

100% 달성하지 못해도 시상이 필요한 이유
어느 점포가 맞는 걸까?
여건에 맞는 정책이 진짜 정책이다
내 운명은 누가 결정하는가?
좋은 시책도 디테일이 있어야 성공한다
지점마다 정보 미팅 효과는 하늘과 땅 차이
나무는 나서 자란 방향 그대로 써라
노하우가 흐르는 길 만들기
운이 좋았거나 어설픈 기존 플래너(13~36차월)
온라인 공세를 넘어서려면 직접 온라인 기능을 가져라
본질과 '고슴도치와 여우'

4장

진정한 정책은
현장 속의
디테일이다

100% 달성하지 못해도 시상이 필요한 이유

"본부장님, 보고드릴 것이 있습니다."

"뭐지?"

"덩치가 큰 인천사업부가 자꾸 어려워지고 있습니다."

"자료상으로는 조직 육성이 조금 어려운 것 같은데, 그게 원인일까?"

"물론 그 부분도 있지만 그걸로 설명하기엔 낙폭이 큽니다. 인천사업부가 역할을 못 해주면 본부도 부담이 큽니다. 조금 확인해보니 사업부와 지점 간에 어떤 문제가 있는 것 같기도 하고요."

"자기 체력보다 결과가 안 나오는데 어떤 문제가 있는 것 같다?"

"그렇습니다."

"그럼, 자료는 만들지 말고 함께 가보자고. 지점장들은 모이라고 하지 말고, 사업부장과 지원팀장만 만나러 간다고 전달해. 본부장이 두 사람만 급히 만나러 간다고 하면 과거에 없었던 일이니 스스로 답을 찾고 기다릴 수도 있어."

"네, 그렇게 하겠습니다."

인천사업부에 도착하니 사업부장과 지원팀장이 기다리고 있었다.

"A 부장, 내가 갑자기 와서 좀 당황스럽겠네?"

"네, 사실 올해 들어 저희 사업부가 역할을 제대로 못 하고 있는데, 실적과 관련한 말씀을 안 하셔서 그러잖아도 좌불안석이었습니다."

"그래, 부장 생각은 어때? 전통적으로 어려웠던 사업부를 부장이 부임해서 큰 발전을 이루었는데, 부장 말처럼 자꾸 힘이 빠지는 이유가 뭘까?"

"네, 제가 사업부장이 되기 전에 지원팀장을 오래해 지점장들의 애로사항을 잘 알고 있어, 지점장이 말하기 전에 많은 것을 먼저 처리해주어 사업부가 잘되었다고 생각합니다. 그런데 올해 들어 지점장들이 계획한 것들이 자꾸 연기되거나 실행되지 않다보니 여기까지 온 것 같습니다."

"지원팀장."

"네, 본부장님."

"내가 듣기로는 지점장들과 사업부 스태프 사이가 원활하지 않다던데, 실제로 그런가?"

"네, 사실 좋다고 말하긴 어렵습니다."

"이유가 뭘까?"

"물론 실적이 좋지 않아 전체적으로 분위기가 가라앉은 것도 있지만, 사업부 정책에 대한 불만이 있는 것 같습니다."

"혹시 사업부에 운영비가 어려운 상태인가?"

"그렇지 않습니다."

"지원부장, 본부에서 파악한 자금 상황은 어떤가?"

본부 지원부장에게 같은 질문을 했다. 본부 지원부는 사업부의 자금 흐름을 다 파악하고 있기 때문에 혹시 어려우면서도 미안해서 이야기하지 않을 수 있기 때문이었다.

"본부에서 확인한 바로는 크게 문제없습니다."

"그래, 조직에 큰 문제가 있는 것도 아닌데 규모만큼 역할을 못하니 혹시 자금 문제가 아닌가 싶어서 질문한 거야. 전에는 목표를 항상 상회했기에 여러 시상금이 선순환으로 돌아 문제가 없었겠지만, 반대로 달성이 저조하면 시상금을 못 받아 자금 사정이 나빠진 것 아닌가 하는 거지."

"네, 과거보다 시상금이 적어져 운영비가 줄어들긴 했지만 그만큼 지점에서도 달성률이 저조해 사업부 운영비를 받아갈 수 없었습니다. 그래서 사업부의 자금에는 큰 문제가 없는 것이 맞습니다."

"사업부의 자금이 문제없는 이유가 거기에 있었네."

"네?"

"예를 들어 100%가 되어야 시상금을 받는다고 할 때 지점이 85%를 하면 사업부의 시상금을 받지 못하게 되어 있겠네?"

"맞습니다."

"그러니까 사업부는 본부에서 시상금을 못 받지만 지점에도 안 주니까 아무 문제 없다?"

"그런 상황입니다."

"그럼 지점은 어떻게 되는 건가? 즉 85%를 했다고 하더라도 플래너들 중에는 목표를 상회하는 실적을 낸 사람이 있을 텐데, 그러면 지점장은 그 플래너에게 시상을 하지만 사업부에서 자금을 받을 수 없는 문제가 생기겠네?"

"네, 정확히 말씀하셨습니다. 그래서 지점장이 저한테 와서 시상금을 일부라도 달라고 하지만 그건 룰에 위배되는 거죠. 그럴 때 사업부에서 지급한 적이 없거든요."

"이제 답이 나왔군."

"네?"

"어떤 이유에서건 달성률이 저조하면 일어나는 현상이야. 이건 경직성의 문제로 보이네. 예를 들어 반은 100% 이상 달성하고 나머지는 달성하지 못했을 때 100% 이상이라는 규정이 있다면 사업부나 지점 모두 당연히 받아들일 거야. 그러나 아무도 100%를 달성하지 못했을 때 그것도 몇 개월간 이런 일이 지속된다면 시상 제도를 다시 살펴볼 필요가 있지 않을까?"

"100% 달성하지 못해도 시상금을 지급해야 한다는 말씀인가요?"

"매번 85%밖에 달성하지 못하는데 100% 달성하면 시상금을 준다고 하면 시상 효과를 낼 수 있을까? 그건 그야말로 그림의 떡일 뿐이지. 오히려 도전할 만한 징검다리 수준에 즉 90% 및 95%에 일부라도 사업부 규모를 감안해 시상금 제도를 운영한다면 도전할 의욕이 생기지 않을까?"

"아, 그건 생각하지 못했습니다. 사실 작년까지 100%를 달성하지 못한 적이 거의 없었기에 시상금은 당연히 100%를 넘어야 되는 것이니, 그걸 달성하지 못하는 지점이 문제를 제기하는 것 자체가 잘못이라고 생각했거든요. 그러다보니 달성률은 저조한데 사업부 운영자금은 오히려 여유 있게 되었고요. 본부장님 말씀처럼 징검다리 시상안을 만들어 마중물 역할을 하도록 하겠습니다."

관성의 법칙이 점포의 시상제도에도 여지없이 파고든 사례였다.

잘되던 사업부나 지점들이 알게 모르게 나빠지는 일은 매우 흔하게 일어난다. 이때 큰 병에 걸린 것 아닌가 싶어 인사이동이나 큰 제도의 변경으로만 치료할 수 있다고 생각해 과거의 방법에만 매달리다 문제를 더 악화시키는 경우가 많다.

이때 필요한 것은 고슴도치처럼 한번 정해놓은 방식에 계속 머물러 있는 것이 아니라 여우처럼 과거와 다른 부분을 파악해 이를 돌파할 다양하고 유연한 대책을 세우는 것이다. 즉 경기가 악화되어 그렇다거나 지역적으로 한계가 있어서 그렇다며 방관하기보다 시책을 살짝 변경하는 것만으로도 상황을 크게 반전시킬 수 있는 것이다.

어느 점포가 맞는 걸까?

경직성은 많은 곳에서 수시로 문제를 일으킨다.

한번은 사업부에서 안살림을 하면서 지점장과 사업부장의 가교 역할까지 하는 사업부 지원팀장 몇 명과 식사를 하면서 대화를 나눴다.

회사는 지향하는 목표달성을 위해 세분화된 지표를 관리한다.

거기에는 실적은 물론 조직 지표도 있다. 조직 지표는 예를 들면 플래너 합격 목표, 입사 인원 목표, 정착 인원 목표 등 보다 세밀하게 나뉘어 있다.

당연히 많은 경험을 통해 만든 제도이기에 건강한 활동을 하여 지표가 좋아지면 자연스럽게 그 점포는 우량해진다. 그런데 목표달성에 너무 집착하다보면 본말이 전도되는 경우가 종종 일어난다.

예를 들어 A 점포의 합격 목표가 10명인데 15명으로 초과달성하는 것은 좋은 일이다. 그런데 합격 후 입사 인원 목표가 7명인데 그 점포는 15명 합격자 중 7명만 최종 입사했다면 과연 잘한 것일까?

반대로 같은 목표의 B 점포는 합격자가 9명으로 합격 달성률은 미달했으나 8명이 최종 입사했다면 어떻게 평가해야 할까?

지원팀장들과의 대화 중에 이 문제가 이슈로 떠올랐다.

한 팀장이 이야기했다.

"저는 A 점포가 맞다고 생각합니다. A 점포는 어쨌든 합격 목표도 초과달성했고, 입사 목표를 100% 달성했으니까요. 회사가 부여한 목표달성이 조직의 당연한 의무이기에 A 점포가 잘했다고 생각합니다."

그러자 다른 팀장이 의견을 냈다.

"저는 생각이 다릅니다. 우리가 입사 가망이 있는 분을 모셔와 시험 교육을 열심히 하고 그 결과 합격하도록 하는 것은 당연히 입사해서 영업을 하도록 하기 위해서죠. 그런데 15명의 합격자 중에 입사 의지가 없는데도 합격 달성률을 위해 시험을 치게 한 사람이 있을 겁니다. 이건 회사가 원하는 바도 아니고 사업비 낭비도 심한 잘못된 방식이라고 생각합니다."

그러자 또 다른 팀장이 이야기했다.

"저는 A 점포에서 일부러 입사가 안 되는 것을 알면서 시험을 보게 했다고는 생각하지 않습니다. 나아가서 이 일을 하겠다는 명확한 생각 없이 시험을 치는 사람도 많지 않습니다. 그러니 시험 준비를 하면서 좀 더 일에 대한 성격과 자신의 가능성을 보다가 최종적으로 입사를 포기하는 경우도 많다고 봅니다."

양쪽 의견이 팽팽하게 갈렸다.

효율성은 당연히 B 점포가 높으나 A 점포 역시 회사가 요구하는 지표를 다 맞추었는데 잘못되었다면 현장에선 어떤 방향으로 뛰어야 할지 혼란스러울 수 있다는 이야기였다.

그래서 내가 끼어들었다.

"앞서 A 점포가 맞다고 생각하는 부분을 이야기해보자고. 어떤 사람이 보험영업을 할지 안 할지 확신이 서지 않을 경우 A 점포처럼 우선 시험을 치게 하는 것이 맞다는 것 아닌가?"

"맞습니다. 실제로 지금 대형 플래너로 활동하는 분 중에 농담 삼아 시험만 봐달라고 해서 왔다가 20년째 보험영업을 하는 분들이 계시는데, 지금은 어떠냐고 물으면 그때 내가 이 선택을 안 했다면 지금의 경제력과 언제까지나 할 수 있는 이 일을 어떻게 하고 있겠냐고 말씀하시는 경우가 대부분입니다."

"나도 그런 이야기를 많이 들었고, 전혀 틀렸다고 할 수도 없지."

여건에 맞는 정책이 진짜 정책이다

"그런데 질문을 이렇게 해보면 어떨까?"

"어떻게요?"

"지금 우리는 입사하기 전에 진행되는 많은 과정을 관리하고 있지 않나? 플래너들이 자신이 알고 있는 분 중 영업 활동이 가능한 분을 지점장에게 소개하고, 그러면 1차로 지점장이 면담한 후, 활동 가능성이 있어 보이면 2차로 사업부장이 면접하는 식으로 말이야."

"네, 다 그렇게 하고 있습니다."

"그러면 그런 프로세스가 과거보다 후퇴되었을까, 아니면 더 발전했을까?"

"과거보다는 더 체계화되었다고 봐야지요. 더군다나 본부장님이 오셔서 면담의 취지 및 기술에 대해 워낙 많이 말씀하셨기에 내용도 훨씬 강화되었다고 봅니다. 저희 용인사업부의 경우 사업부장님은 이 면접에 1인당 최소 한 시간 이상 쏟아붓고 있습니다."

"그건 저희 안산사업부도 마찬가지입니다. 저희는 일할 사람인지 아닌지 플래너에서 해당 팀장을 거쳐 지점장이 철저히 검증한 후 일할 사람만 사업부장 면접에 참석하도록 합니다. 그래서 저희는 사업부장 면접 인원수가 곧 시험 합격자 수와 거의 동일하고 입사 인원도 크게 차이 나지 않습니다."

"내가 질문을 달리하겠다고 한 것이 프로세스이고 안산사업부의 이야기야. 다 알다시피 입사 전에 이루어지는 이 프로세스는 꽤 오래전부터 있었던 거잖아. 내가 보기에 그 하드웨어는 문제가 없어. 결국 그 프로세스가 가지고 있는 취지대로 작동하는가가 문제지."

"그 말씀은 그 프로세스에서 일할 사람인지 아닌지 구별된다는 거지요?"

"맞아, 그런 역할을 못 하는 프로세스라면 굳이 그렇게 여러 번에 걸쳐 여러 사람이 매달릴 필요 없지 않은가?"

"저희 부평사업부는 안산사업부와 프로세스가 조금 다릅니다."

"프로세스가 다르다?"

"네, 안산사업부는 지점 내 팀별로 입사 가능 인원을 관리해 거기서부터 정확히 숫자 파악이 되기 때문에 지점장 선에서 확실한 면담이 이루어지는 것 같습니다. 그러나 저희는 지점 내 체계가 그렇지 못해, 사업부장께서는 그런 과정을 거치지 말고 모두 자신에게 모셔오라고 하십니다. 그러다보니 전에는 입사 가능 여부를 철저히 따지는 지점장들 때문에 아예 시도하기 싫다는 플래너가 많았는데, 지금은 지점장 얼굴 보고 당일 바로 사업부장 면접을 하니 단계가 줄어서 훨씬 좋아하거든요."

"이렇게 이야기하니 안산사업부와 부평사업부가 완전히 다르게 운영되고 있다는 것을 알 수 있네."

"네, 그렇습니다."

"그러나 나는 그렇게 생각하지 않아."

"네?"

"우리는 제도가 하나 있으면 모두 동일하게 운영되어야 한다는 생각을 많이 하잖아?"

"그것이 제도의 도입 이유 아닌가요? 본부장님이 말씀하시는 BP 사례 전파도 같은 것이라고 이해하고 있는데요?"

"내가 100여 년 전에 있었던 에피소드를 한 가지 얘기해볼까? 인도가 영국의 식민지였을 때 도시에 코브라가 많아 사람이 물려 죽는 일이 늘어나자 총독부에서 포상금을 걸었지. 코브라를 잡아오면 포상금을 준다고 하니까, 많은 코브라가 잡혀 한동안 코브라가 줄어드는 효과가 있었지. 그런데 이상한 것이 코브라가 계속, 그것도 가면 갈수록 더 많이 잡혀오더라는 거야. 확인해보니 포상금을 받으려고 아예 코브라 사육장을 만들어 차례로 잡아왔던 거지. 이를 안 총독부가 포상금 제도를 없앴더니 이제는 기르던 코브라를 다 놔주는 바람에 코브라가 더 많이 생기는 결과가 나왔어. 이걸 코브라 효과라고 이야기하지. 정책이란 이런 독특한 성격이 있어. 즉 포상금이라는 인센티브는 일반적으로 성과를 견인한다고 생각해 종종 사용되지 않나? 그러나 그 성격이 언제나 같은 결과를 가져오지는 않아. 코브라 사건처럼 상황을 더 악화시키는 경우도 있고. 안산사업부에서 하는 것은 과정을 촘촘하게 관리해 사업부장 면접이 최종이라고 인식할 수 있지만, 부평사업부에서는 그 방식을 쓰면 사업부장까지 오는 면접자가 거의 없을지도 몰라. 제도란 그 취지에 맞게 그리고 상황에 맞게 유연성을 확보하는 것이 매우 중요하지. 결론적으로 안산사업부는 안산사업부대로 부평사업부는 부평사업부대로 그 특성에 맞게 하는 것이 지금은 답이라고 생각해."

그러자 한동안 잠자코 있던 인천사업부의 팀장이 나섰다.

"아, 저희 사업부도 코브라 효과를 이해했다면 빨리 방향을 잡왔겠다는 생각이 듭니다. 그동안 시책, 시상금이란 최소 100% 이상 달성해야만 한다는 고정관념이 있었는데, 이번에 본부장님과 대화하면서 정책이 환경을 흡수하는 유연성이 없으면 더 나쁜 결과가 나올 수 있다는 걸 절실히 느꼈습니다."

그러고는 지난번 시상금의 경직성 때문에 조직 모두 침체되었던 사례를 이야기했다.

생각해보면 안양사업부 J 지점은 그 반대 경우였다.

J 지점은 점포가 침체되니 신인 도입이 절실해, 모든 걸 뒤로하고 신인 도입에만 시상금을 걸고 진행했다. 그러나 오히려 그것이 구성원들에게 실적 의욕까지 꺾는 결과로 나타났다. 이후 새로 온 지점장이 일단 신인 도입을 숨 고르기하며 실적에 정상적인 시상 제도를 펼치면서 활동이 정상적으로 살아났다.

급할수록 상황에 맞게 유연성을 발휘하는 것이 진정한 정책이다.

보험회사에서 가장 어렵다고 하는 것이 신인 도입이다. 따라서 신인 도입에 무게를 두지 않는 회사는 없다. 나아가 모든 평가가 신인 도입에 의해 좌우되기까지 한다. 그러다보니 자격이 안 되거나 무리해서라도 도입 숫자를 높이려 시도한다. 그 결과 '대량 증원 대량 탈락'이라는, 구태한 상황이 계속해서 진행되고 있다.

이 굴레를 벗어나려면 오직 도입에 대한 올바른 방향을 설정한 뒤 현장의 디테일이 따라주어야만 한다. 왜냐하면 전국 곳곳의 환경이 다르고 주어진 여건이 다르기 때문에 본사 정책은 원칙적인 방향 제시일 수밖에 없다. 그러므로 현장에서 도입 단계별로 다양하게 나타나는 상황에 따라 세세한 전략과 전술이 필요한 것이다.

각 사업부나 지점에서 이루어지는 이런 귀한 사례는 본부 전체가 공유해야 할 일이라는 생각이 들었다. 각 점포에서 실수를 줄이면서 좋은 방법을 원용하면 본부의 성장에 큰 역할을 할 것이기 때문이다. 어떻게 공유하는 것이 좋을까 고민하면서 자리에서 일어났다.

내 운명은 누가 결정하는가?

오늘은 인천사업부 N 지점의 정보 미팅에 참석하기로 했다.

정보 미팅은 지점이 아침 근무와 동시에 시작하는 첫 업무다. 지점장이 주관해 본사 지침이나 본부 정책 등을 전달하고 새로운 상품이 나오면 교육을 하며 마케팅 관련 시장 정보도 제공한다.

그러나 무엇보다 중요한 것은 지점장이 지점을 어떻게 이끌어 가는지 한 번에 알 수 있는 문화 전달 장소라는 점이다.

그래서 본부장으로 부임한 이후 44개 지점의 정보 미팅에 직접 참석하겠다고 했는데, 오늘은 N 지점에서 미팅이 있었다.

N 지점은 전체 인원이 60여 명 되는데 대부분 참석해 역시 사업부의 대표 지점임을 알 수 있었다.

9시가 되자 흥겨운 체조 영상에 맞추어 몸을 풀고 지점장의 발언이 시작되었다. 오늘은 지점장이 특별히 예고해 자사 상품과 타사 상품을 비교하는 교육 시간이었다. 약간 쉰 듯한 목소리에 그렇게 달변이라고 할 수는 없었으나, 지점장은 매우 명확하게 상품의 장단점을 설명했다.

저 화법만 잘 익히면 시장에서 자신감을 갖고 고객들을 공략할 수 있겠구나 하는 생각에, 다음 달 본부 콘퍼런스에는 N 지점장을 강사로 모셔야겠다고 생각했다.

지점장의 발언이 끝나자 지점을 방문한 나를 소개했다.

지점의 모든 플래너가 참석하는 자리지만 본부장 입장에선 1년에 한 번 참석하기도 쉽지 않기에 어떻게 격려의 말을 할까 고심하며 준비한 말을 시작했다.

여러분 안녕하세요? 본부장입니다.

어떤 사람이 오늘 늦잠을 자서 허겁지겁 버스 정류장에 갔습니다.

그런데 눈앞에서 차가 바로 떠나는 바람에 15분이나 발을 동동 구르다 겨우 차를 탔습니다.

사람이 듬성듬성 서 있어 감각적으로 빨리 내릴 것 같은 사람 앞에 서 있었는데 정말 운 없게도 30분간 내리지 않고 자신이 내리는 정류장에서 같이 내렸습니다.

늦잠에 차도 놓치고 30분을 서서 왔으니 이쯤 되면 머리에서 연기가 나기 시작하겠지요?

안 그래도 오늘 점심에 중요한 약속이 있어서 하얀 원피스를 입고 나왔는데, 내리는 순간 오토바이가 쌩 하고 지나가는 바람에 흙탕물이 튀었습니다.

이때 입에서 어떤 말이 나올까요?

순하게 고쳐 말해도, 오늘 정말 진짜 재수 없네, 이런 말이 나오겠지요?

반대로 아침에 정류장에 도착하자마자 버스가 왔고, 많은 승객 사이에 끼여 있었는데 앞에 앉아 있던 사람이 바로 내리는 바람에 30분간 편하게 앉아서 왔습니다.

버스에서 내리는데 발밑에 뭐가 떨어져 있어서 자세히 보니 5만 원짜리 지폐였다면, 입에서 어떤 말이 나올까요?

아마도, 우아 오늘 운이 정말 좋네, 이렇게 말하겠지요?

우리는 이런 일들을 겪으면서 운이 있네, 운이 없네라고 말합니다.

운이란 일반적으로 내 의지와 관련 없이 일어나는 현상입니다.

그런데 이 운이라는 글자에 명이란 글자를 붙여 운명이 되면 어떨까요? 이건 내 의지와 관계가 있을까요 없을까요?

한번 손을 들어볼까요?

내 운명은 내 의지에 달려 있다. 아니다, 내 운명은 태어날 때부터 정해져 있다.

네, 70% 정도가 내 운명은 내 손아귀에 있다고 손 드셨네요.

그럼 내 운명은 하늘이 이미 정해놨다고 하신 분에게 질문해보겠습니다.

예를 들면 오늘 점심으로 짜장면을 먹을지 된장찌개를 먹을지 걱정하지 않아도 되겠네요? 내 운명은 이미 정해져 있으니까요? 하하.

얼마 전 〈관상〉이란 영화가 히트를 쳤지요? 보신 적 있나요?

거기에서 송강호가 관상을 보잖아요?

한눈에 척 보고 "네가 살인범이구나!"라며 살인범을 잡는 이야기가 나오지요?

송강호는 반역으로 몰려 멸문된 후 먹고살기 위해 관상 공부를 해서 그런 경지에 이른 것으로 나오는데, 일반적으로 믿든 안 믿든 관상학에서는 태어날 때부터 가지고 나오는 천명이 30%

정도 된다고 합니다.

사실 저도 관상을 조금 봅니다.

제가 이런 말을 하면 앞에서는 에이~ 하면서도 이 시간이 끝나면 조용히 뒤따라와서 자기 관상을 봐달라는 사람이 꼭 있습니다, 하하.

여하튼 실제로 관상을 봅니다.

저는 회사에서 신입사원 입사 면접을 자주 보았습니다.

한번은 지원자가 들어왔는데 얼굴빛이 누르스름하고 조금 우울한 느낌을 주었습니다.

그런데 지원서 내용을 보니 자신은 매우 밝은 성격이라서 친구도 많고 항상 활달해 모든 사람이 자신을 좋아한다고 쓰여 있었습니다.

그래서 제가 지원자한테 친구가 정말 많으냐고 물었죠?

그랬더니 그 지원자는 답변하는 도중 온갖 인상을 쓰면서 "네, 저는 인상이 좋아서 친구들이 저를 진짜 좋아합니다"라고 대답하더라고요.

이 상태에서 여러분에게 질문을 해보겠습니다.

그 지원자는 정말로 친구가 많을까요?

네, 맞습니다. 여러분이 말씀하신 것과 같이 저는 그 지원자가 친구가 많다는 것에 동의할 수 없습니다.

물론 태어날 때부터 잘생긴 사람도 있고 그렇지 않은 사람도 있습니다. 그런데 상대적으로 호의적이지 않은 얼굴로 태어난 사람이 가뜩이나 정이 가지 않는 얼굴에 인상을 쓰고 있으면 누가 사귀려고 할까요? 더 웃고 친근한 모습을 보이려고 노력해야 진심을 알아주는 친구가 생기지 않겠어요?

그 지원자가 지난 10년간 친구를 사귀기 위해 친구들이 좋아할 만한 노력을 했다면 얼굴 자체는 바뀌지 않지만, 예를 들어 계속 웃는 노력을 했다면, 제가 질문했을 때 아마 대답하기도 전에 웃음기 있는 얼굴로 변하면서 주름이 나타났을 겁니다.

그러나 그 지원자는 그런 웃음으로 만들어진 주름이 전혀 없었어요.

그러니까 제 질문에 오히려 인상 쓰는 얼굴을 보인 거죠.

결국 저는 그 지원자의 얼굴만 보고도 과거 10년을 어떻게 살아왔는지 알 수 있었으니, 관상 보는 능력이 있는 것 아닌가요? 하하.

그런데 이건 저만의 기술이 절대 아닙니다.

여기 계신 분 중 대부분이 저와 같은 능력을 가지고 있습니다.

예를 들어볼까요.

여러분이 지인에게서 가망 고객을 소개받았습니다.

그 고객이 일하는 곳에 갔는데 정말 방금 소 잡아먹은 불그락

푸르락한 강도 같은 얼굴을 가진 사람이었다고 합시다.

왜 이런 무시무시한 사람을 소개시켜줬냐고 속으로 중얼거리며 들어갔습니다.

그런데 이야기를 끝내고 나오면서 지인에게 전화를 걸어 그 사람 정말 호인이더라고 한다면 그 사람은 어떤 사람일까요?

태어났을 때는 무서운 얼굴을 가졌지만 살아가면서 참으로 많이 웃고 상대를 배려하는 삶으로 점점 변해, 처음 보았을 땐 무서웠지만 말할 때는 한없이 좋은 사람으로 느껴지는 얼굴을 가진 것 아닐까요?

이처럼 우리의 의지는 관상학에서 이야기하는 30%, 즉 천명에 해당하는 얼굴조차 바꿀 수 있다는 것이지요.

그래서 저는 운명이란 제 손아귀에 있다고 이야기합니다.

그러면 한번 더 질문해보겠습니다.

이 N 지점의 주인은 누구인가요?

네, 그렇지요? 지점장도 사업부장도 아니고 바로 여러분입니다.

그러면 이 지점의 운명은 누가 쥐고 있나요?

맞습니다. 바로 여러분이 쥐고 있습니다.

부디 N 지점이 최고의 지점이 되도록 지점의 운명을 쥐고 있는 여러분이 멋지게 만들어나가기 바랍니다. 고맙습니다.

지점에 대한 플래너의 애정과 주인의식이 없는 한 지점은 절대로 성장할 수 없기에 지점의 정보 미팅에서 플래너를 만나러 갈 때마다 이런 운명론을 펼쳤다.

좋은 시책도 디테일이 있어야 성공한다

보통 정보 미팅이 끝나면 지점의 영업팀장들 및 지점장과 간단히 티타임을 가졌다.

"다음 달 신인 도입을 몇 명이나 할 수 있을까요? 제가 특별 시책을 걸겠습니다. 각 팀에서 한 명씩 성공하면 제가 득달같이 달려와 팀장님들께 쓴 소주와 함께 저녁을 모시겠습니다."

"와!"

실제로 본부장이 와서 시책을 건다는 것 자체에 팀장들은 큰 호응을 보인다.

상금 때문이라기보다 기관의 장이 특별히 자기 지점에만 시상제도를 만든다는 상징성이 더 크기 때문이다.

그러나 시책을 걸어도 의외의 결과가 나오는 경우도 있다. 예를 들어 보통 때 목표가 네 명이면 두 명 정도는 도입되는데, 본부장이 특별 시책을 이야기했으니 못해도 두 명에서 당연히 네 명 이상 될 거라고 모두들 생각한다. 그런데 어떤 지점에서 같은 시책을 걸었는데 신인 도입이 한 명도 되지 않은 것이다. 이런 경우 본부장으로선 참으로 당황스럽다.

본부장이 별도로 시책을 걸었는데 오히려 반항하는 듯, 신인 도입이 한 명도 안 된 것이다. 그래서 내용을 자세히 살펴보았다.

내가 특별 시책을 제시했으니 지점장도, 영업팀장들도 매우 기대한 것은 맞다. 그러나 마음만 있을 뿐 신인 도입을 위한 구체적인 전략이 없다면 시간이 지나도 결과가 나오지 않는다. 왜냐하면 지점은 매일매일 해야 할 일이 생기기 때문에 누군가 신경 쓰겠지 하고 2주 이상 지나다보면 아무런 결과도 나오지 않는 것이다.

그러고 나면 지점장은 평소와 달리 오히려 영업팀장들에게 경과를 묻지 않는다. 이미 본부장하고 약속했는데 혹시 영업팀장 입에서 불가능하다는 이야기가 나올까봐 아예 이야기를 꺼내지 않고 스스로 책임지도록 무언의 압력을 넣는 것이다.

그때라도 좀 더 활동을 확인해 한 명이라도 확보하면 되는데 오히려 서로 미안해서 이야기하지 않으면 네 명이 아니라 한 명도 안 되는 참사가 발생하는 것이다.

그래서 N 지점에서는 전략을 바꿨다.

"팀장님 여러분께 당부 말씀이 있습니다."

"네, 뭔데요?"

"지금 기분으로는 팀별로 한 명씩 신인 도입이 충분할 것 같지요?"

"당연하죠. 본부장님과의 회식이 눈앞에 있으니까요, 호호."

"그래서 제가 요령을 말씀드리겠습니다. 이 미팅이 끝나면 팀장님들은 아마 팀원들과 신인 도입 시책을 말씀하시면서 활동 체크를 하겠지요?"

"네, 그렇습니다."

"그러면 이번에는 팀별 회의를 마친 뒤 매주 두 번씩 지점장과 미팅을 하시기 바랍니다. 그러면 팀별로 진도 파악도 되고 만약 생각 외로 여건이 어려워지면 지점장에게 도움을 요청할 수도 있지 않겠어요. 중요한 것은 그 타이밍을 놓치면 한 달이 허망하게 지나갈 수도 있다는 겁니다."

"네, 꼭 그렇게 하여 이번엔 목표달성 후에 회식을 기다리겠습니다, 호호."

지점마다 정보 미팅 효과는
하늘과 땅 차이다

"아, 잠깐 잊고 있었는데 궁금한 것이 있어요."

"네, 뭔데요?"

"N 지점은 정보 미팅 참석률이 거의 95% 이상인 것 같은데, 더구나 외부에 사무실이 있는 대리점 대표들도 참석하셨더라고요. 늘 이렇게 참석하나요?"

"저희는 지점장님의 상품 강의를 듣지 않으면 손해가 너무 크기 때문에 꼭 참석합니다."

"손해가 크다고요?"

"네, 크지요. 지점장님은 매일 저희가 영업하는 데 필요한 부분을 하루종일 생각해서 자료를 만들고 이것을 정보 미팅 때 알려주는데, 만일 이 시간에 참석하지 않으면 어디서 그 정보를 들을수 있겠어요? 제가 책을 본다든가, 신문을 읽어서 얻는 것과 지점장님이 정보 미팅 때 주신 정보를 비교하면 지점장님 말씀 30분은 제가 한 달 동안 한 것보다 훨씬 알차니 안 들으면 엄청난 손해죠. 그래서 저희 지점은 정보 미팅에 늦을 것 같으면 정류장에서부터 뛰기로 유명해요."

한마디로 충격이었다.

사실 N 지점을 방문하기 일주일 전 A 지점의 정보 미팅에 참석했었다. A 지점 지점장은 본사에서 근무하다 교육을 받고 지점장으로 근무한 지 1년 조금 넘은 시점이었다. 특히 본인이 본사 출신이란 장점을 최대한 살려 플래너가 알면 도움이 될 만한 정보 자료를 잘 만들어 20여 분간 발표했다.

그런데 불행하게도 플래너들은 그 자료에 집중하지 않았다. 그러니 지점장은 자료 전달보다 플래너들의 무반응에 훨씬 더 초점을 맞추어 발언을 이어나갔다.

예컨대, 이 상품의 특징은 이율과 세금에 초점이 맞추어져 있으니 내 말만 잘 들으면 여러분은 정말 부자가 될 수 있는데, 왜 그걸 이해하지 못하냐고, 제발 내 말에 귀를 기울이라고, 나는 정말 답답하다는 말을 하는 데 자료 설명보다 훨씬 많은 시간을 할애했다.

그러다보니 시간이 갈수록 플래너들은 앞에 있는 지점장이 아니라 책상 위 핸드폰만 쳐다보느라 지점장의 말이 끝났을 때 아무도 지점장의 얼굴을 보고 있지 않았다.

이후 다른 자리에서 지점장과 이야기를 나누어보니 진심으로 플래너들이 잘되도록 노력하는데 플래너들이 따르지 않아 고심이 많다고 토로했다.

왜 이런 일이 벌어졌을까?

N 지점과 A 지점의 차이는 분명하다.

N 지점 지점장은 플래너가 듣고 싶어 하는 이야기를 하고, A 지점 지점장은 내가 하고 싶은 이야기만 했다.

지점장들이 그렇게 중요하게 이야기하는 플래너와의 면담에 대해, 플래너들이 면담을 좋아하느냐는 질문에 44명 중 단 한 명만 그렇다고 대답한 것과 같은 맥락이었다.

면담과 같이 정보 미팅도 플래너에게 도움이 되고 필요한 형태가 되면 플래너 스스로 정류장에서부터 사무실까지 뛰어가지만 그런 내용이 없다면 고통스러운 30분이 기다릴 뿐이다.

나무는 나서 자란 방향 그대로 써라

지역 사회 성격이 있는 지점은 또 그 나름의 문제가 나타나기도 한다.

지난해 방문한 평택사업부의 S 지점도 정보 미팅 시간에 A 지점처럼 지점장 따로 플래너 따로 분위기였다.

더욱 심각한 것은 그 지점의 전설이라고 할 B 팀장의 태도였다. 적어도 팀장이라면 팀원들을 대표해서라도 정보 미팅 때 집중한다. 더구나 본부장까지 참석한 상황이니 더 말할 나위 없다.

그러나 B 팀장은 정보 미팅 때 단 1초도 지점장의 얼굴을 보지 않았다.

규모가 크지 않은 점포에서 대형 플래너의 역할은 중요하다. 팀장은 당연히 신인 도입도 앞장서고 자기희생도 하는, 지점에서 없어서는 안 될 존재다.

그런데 이곳은 지점장이 신임이어서 업무 숙련도가 조금 낮고 관계관리도 약해 틈이 벌어지기 시작하자, 감정적 문제가 모든 장점을 단점으로 만들어버린 상태였다.

이후 사업부장이 나서서 정리하도록 했다.

B 팀장은 고객이 많아 업무량도 많았지만 지점을 위해 팀장도 맡아 해오고 있었다.

따라서 이번 기회에 팀장 자리를 물려주어 업무도 덜고, 대신 별도 공간을 마련해 근무환경을 좋게 만들어 그간의 공헌에 배려해주도록 했다. 지점장 이동 시기가 되어 새로운 지점장이 부임하면서 갑자기 본부 내 상위 자리를 차지했다.

격려도 할 겸 S 지점 지점장에게 팀장들과 저녁식사를 같이하자고 하여 자리가 마련되었다.

"U 팀장님, 요즘 S 지점이 장난 아닙니다? 이렇게 잘나가는 비결이 뭔가요?"

"네, 저희는 아시는 바와 같이 지역 사회의 특성을 가지고 있습니다."

"지역 사회의 특성이라고 하시면?"

"네, 한 집, 한 사람만 건너면 학교 동창이고, 동네의 누나, 동생으로 연결되어 있어서, 다 아니까 일하기도 좋고 소개받기도 좋습니다."

"아, 서로 잘 아는 사이니까 일하기가 편하다는 말씀이네요?"

"네, 그래서 지역 사회가 일하기 좋습니다."

"아, 정말요? 하하하."

갑자기 내가 파안대소하자 지점장이 놀란 토끼 눈으로 쳐다보았다.

"왜 그러세요?"

"제가 이 시점에서 여러분에게 놀라운 이야기를 하지 않을 수 없네요, 하하. 작년에 제가 지점 정보 미팅에 왔었던 거 기억하시지요?"

"그럼요. 저희에게 도입 시책을 걸어주셨는데 달성하지 못해서 회식도 못 했는데 왜 기억하지 못하겠어요? 그런데 다시 이렇게 방문해주시니 너무 좋아요, 호호"

"맞아요. 여기 신임 팀장님 한 분 빼놓고 당시 팀장 미팅 때 세분 다 계셨잖아요. 그때 제가 S 지점이 왜 이렇게 어려워요 하고 물었더니, 그 이유를 놀랍게도 지금과 같은 내용으로 말씀하셨거든요."

"진짜요?"

"네, 먼저 똑같은 단어를 쓰셨죠. 이곳은 지역 사회 성격이 있어서 일하기가 참 어렵다고요. 왜냐하면 한 다리 건너면 다 아는 사이인데, 왜 그런 사람들 있잖아요. 난 저 사람하고는 절대로 같이 일 안 해, 라고요. 사연을 살펴보면 고등학교 동창인데 그때 사이가 너무 나빴던 거죠. 그때를 기억하기도 싫은데 다시 사무실에서 만난다니 끔찍하다는 겁니다. 그래서 도입하기도 어렵고 계약도 조심스러워서 영업에 한계가 많다는 뜻으로 지역 사회의 어려움을 이야기했는데, 지금은 그것이 장점으로 바뀌었으니 제가 얼마나 놀라겠습니까? 하하."

"어머, 그러고 보니 정말 그렇게 말한 기억이 납니다. 그때는 정말 그렇게 생각했으니까요. 그런데 좀 이상하게 들리실지 모르겠지만, 지금 잘되는 이유가 지역 사회 특성 때문 맞거든요, 호호."

"네, 충분히 이해합니다. 그게 왜 그런지 제가 한번 말씀드려볼게요. 일본에 목조건물이 많잖아요? 그런 목조건물을 다루는 사람 중 유명한 궁궐 대목장이 '나무는 나서 자란 방향 그대로 쓰라'는 말을 했어요. 나무는 같은 나무라 하더라도 남쪽에서 자란 나무는 가늘어도 강하고, 북쪽에서 자란 나무는 굵더라도 연약하다는 특성을 지니기 때문에 그 특성을 살리라는 의미지요.

일본에 호류지라는 사찰이 있습니다. 우리나라의 불국사가 1995년 세계문화유산에 등재된 것처럼 그곳도 1993년도에 등재된, 그러니까 우리나라의 불국사와 같은 유명한 곳이지요. 이 호류지는 1,300년 전에 세워진 목조 건물인데, 한번은 이 대목장이 수리하게 되었답니다.

그런데 수리하려고 목탑을 자세히 살펴보니, 나무들이 마치 탑을 지탱하려고 서로 머리를 맞대고 격전을 벌이듯 겹쳐져 있더랍니다. 나무의 성깔에 맞게 오른쪽으로 비틀린 나무와 왼쪽으로 비틀린 나무를 조화롭게 짜맞추어놓았기에 1,300년 동안 부둥켜 안은 모양새가 된 것이고, 이것이 콘크리트로 지어진 빌딩보다 훨씬 오랫동안 튼튼한 모습으로 유지되고 있는 이유였던 셈이지요.

과거에는 지역 사회란 특성 때문에 잘 안 되었는데, 지금은 그 특성 때문에 잘된다는 부분으로 돌아가보자고요. 그 대목장의 말을 빌려 이야기해보면, 나무가 나서 자란 대로 쓰라는 것은 그렇게 그 나무가 자라면서 생긴 특성, 즉 남쪽에서 자랐든 왼쪽으로 삐뚤어지게 자랐든 그 성격이 필요한 부분에 사용해서 건물을 지으면 콘크리트보다 더 튼튼한 건물이 된다는 겁니다.

제가 보기에 S 지점은 지역 사회라는 특성 중에서 우리 업에 어울리는 부분을 잘 활용하면 오히려 그 어떤 곳보다 훌륭한 지점이 되지 않을까 생각됩니다. 여러분은 어떻게 생각하세요?"

"와, 꿈보다 해몽이라더니…… 호호. 농담이고요, 진짜로 맞는 말씀입니다. 우리만의 특성을 좋은 방향으로 활용하는 것이 답인 것 같습니다."

노하우가 흐르는 길 만들기

지점들은 이처럼 지점의 구성요소와 둘러싼 환경에서 끊임없이 문제가 생기기도 하고 해결책이 나오기도 한다.

이런 에너지를 좀 더 모아 활용할 방법이 없을까 싶어, 본부 스태프들과의 미팅에서 이 문제를 거론해보았다.

"L 부장, 우리 본부의 44개 지점에서 매일매일 하는 활동이 있는데, 이런 활동을 활용할 방법이 없을까?"

"네, 현재도 콘퍼런스에서 BP 사례를 발표하긴 합니다만 분명 소극적인 부분도 있습니다. 지난번에 본부장님이 N 지점의 증권 분석 사례를 공유하라고 하셨는데, 실은 본부에서도 그전부터 그 지점이 증권 분석을 잘하는 것으로 파악되었지만 지점장이 그 당시 완곡하게 고사하는 바람에 진행하지 못했습니다. 본부장님께서 지시하셨다고 하니 두말없이 하기로 했지만, 그런 한계도 있는 상황입니다."

"아, 그러니까 자신의 노하우를 적극적으로 공유하고 싶어 하지 않다는 것이네?"

"꼭 그 지점장을 탓할 것만은 아니라고 봅니다. 자신이 밤새워 만든 것이고 이것도 지점의 경쟁력인데, 매번 그 노하우를 공개한다면 그 지점장도 더 이상 연구할 이유가 없겠지요."

"타당한 이야기네. 그렇다면 왜 공유해야 하는지부터 정리되어야 그다음 진도가 나갈 것 같은데, 거기서부터 해보자고. 우리는 공유 필요성이 있을까?"

"그것은 이미 본부장님이 부임하면서 충분히 보여주신 것 같습니다."

"예를 들면?"

"본부장님이 오셔서 3개월 내내 도입과 관련한 말씀을 하셨잖습니까? 사실 도입이라면 지점장이나 사업부장이나 눈 감고도 줄줄 이야기할 수 있을 거라고 생각했습니다. 그런데 매달 도입 활동 제목을 취합하고 이를 통계로 제시하고 44개 지점이 서로 어떤 활동을 하는지 구체적으로 볼 수 있게 했더니, 놀랍게도 도입과 관련한 세부 내용 중 몰랐거나 아예 생각하지 못했던 부분이 꽤 많았습니다. 그래서 직원들이 공유에 대해 명확하게 생각하게 된 것 같습니다.”

“오케이, 필요성에 대해 분명히 이해되었다면 남은 건 그걸 담는 그릇이겠네?”

“네, 말씀하신 지점장들의 노하우를 공유할 그릇을 어떻게 만드는가가 숙제인 것 같습니다.”

“좋아, 자신이 만든 것은 웬만하면 내놓고 싶지 않은 본전 심리가 있다는 이야기인데, 그러면 그 반대로 일해보면 어떨까?”

“반대로라면?”

“그래, 내가 가진 것을 내놓는 것이 아니라 순서를 바꾸어 내가 무엇을 듣고 싶어 하는지 이야기해보라고 하면 어떨까?”

“지점장들이 무엇을 궁금해하는지 취합해보자는 말씀이시지요?”

“그렇지. 예를 들면 44개 지점장에게 조언을 듣고 싶은 내용을 한 개든 두 개든 써내게 하면 현재 지점장들이 고심하는 부분이 수면 위로 올라오고, 특히 많이 언급된 순으로 BP 사례를 찾아 공유하도록 한다면?”

“네, 그렇게 하면 다른 사람들도 이런 고심을 하는구나 하며 공감도 하고, 만일 거기서 발표하는 사람은 누가 지시해서 억지로 하기보다는 모든 지점장이 도움을 원하는 모습이니 노하우 유출에 대한 불만보다는 인정 욕구를 만족시켜줄 수도 있을 것 같습니다.”

"그러면 그렇게 자료를 한번 만들어보자고. 여기에 더 확장시킬 아이디어는 없을까?"

"네, 지금도 일부에서 일회성으로 하고 있는 일인데, 좀 확대해서 하면 좋겠다는 것이 있습니다.”

"아, 그게 뭔데?"

"지점장들을 보면 각자 나름의 전공 분야가 있습니다. 예를 들어 이전 경리부에 있었던 지점장은 세금을 주제로 상품의 강점을 잘 설명하고, 어떤 지점장은 일반보험 언더라이터 경험을 토대로 화재보험에 탁월하기도 합니다. 또 총무 경험이 있는 지점장은 각종 업무 프로세스 전문가이다보니 그걸 잘 활용하기도 합니다.”

"그럼 그런 강점을 어떻게 공유할 수 있을까?"

"우선 사업부끼리 협의해 대표 전문가들이 교차로 정보 미팅을 하는 겁니다. A 사업부는 B 사업부의 경리부 출신 B 지점장을 A 지점 정보 미팅에 초대하고, 반대로 B 사업부는 도입에 탁월한 A 사업부의 A 지점장을 초빙해 정보 미팅을 맡기는 것이지요.”

"야아, 그것참 좋은 아이디어네. 그리고 거기에서 머물지 않고 사업부 내에서도 지점장끼리 협의해서 교차 정보 미팅을 하는 것도 가능하겠지?"

"네, 당연히 가능하고, 그렇게 하면 지점장이 다른 지점에 가서 발표해야 하니 좀 더 정성을 기울여 준비할 것이고, 플래너들은 또 색다른 강의를 들을 수 있으니 정보 미팅 참여율이 더 높아질 수도 있겠지요."

"이거야말로 가지고 있는 자원을 200% 추가 활용하는 방법이네. 아니, 한 걸음이 아니라 두 걸음 나아가도 되겠어. 지금은 일주일에 한 번 정도 지점에서 고참 총무들이 정보 미팅 때 교육이나 전달을 주도적으로 하는데, 우선 고참 총무부터 교차 정보 미팅 때 교육하면 교류가 더 활성화되겠는데?"

"헉, 거기까지 말씀하시다니……. 그러면 충분히 긍정적인 효과를 얻을 수 있을 것 같습니다. 총무들도 경력이 쌓이면서 지점장 후보 과정을 지원하는 사람이 많은데, 이런 과정에서 실력도 쌓고 본부의 경쟁력도 올라가 일석이조 프로젝트가 될 것 같습니다."

"좋아, 이건 뒤로 미루지 말고 즉시 실행해보자고. 난 이번 콘퍼런스에서 인사할 때 이런 부분에 대해 이야기할 테니까."

"네, 그렇게 하겠습니다."

콘퍼런스에서 N 지점 지점장이 타사 상품과 우리 상품을 비교하며 공략 포인트를 짚어준 강의는 많은 지점장에게 놀라움을 안겨주었다.

나는 지점 미팅에서 듣고 두 번째인데도 저런 방식으로 분석해서 공략한다면 일당백이 되겠구나 하는 생각이 들었다. 본부 성장의 한 축이 공유되어야 함을 다시 한번 느끼면서 말미에 인사말을 하기 위해 단상에 섰다.

여러분, 칭기즈 칸을 아시지요?

칭기즈 칸은 역사에서 어떤 위치에 있을까요? 또 역사는 그를 어떻게 판단할까요?

일반적으로 계몽주의 시대를 거쳐 표현되는 칭기즈 칸은 야만인, 피에 굶주린 미개인, 파괴 자체를 즐기는 무자비한 정복자의 전형으로 이야기되곤 했습니다.

그러나 그와 결을 달리해서 보면, 지구상 문화의 교류에 그만큼 큰 영향을 준 인물도 없습니다.

그 칭기즈 칸의 몽골인들은 과학기술이 탁월하지도 않았고, 새로운 종교를 전파하지도 않았으며, 그 밖의 어떤 문물이나 기술을 창조해내지도 않았지요.

그러나 가장 중요한 한 가지가 진행되었습니다.

동쪽 끝 고려에서부터 서쪽 발칸반도에 이르기까지 광대한 지역을 정복했는데, 그 지역이 얌이라는 역참 제도에 의해 하나가 되었지요.

모든 길은 로마로 통한다는 말처럼, 이 몽골 제국도 광활한 지역의 빠른 정보 전달을 위해 1,500여 개의 얌을 설치했고 말이 하루에 350km를 달리다보니 세계가 소위 10일 생활권이 된 겁니다.

이런 제도는 지역적으로 분산되어 있던 여러 문명이 서로 적극적으로 교류할 수 있는 환경을 만들어주었고, 결과적으로 세계 문명이 발전하는 데 큰 역할을 했다는 데 많은 사람이 동의합니다.

제가 오늘 칭기즈 칸의 이야기를 들고 나온 이유는 우리 본부의 발전에 교류와 공유가 얼마나 중요한지 말하고 싶어서입니다.

여러분도 잘 알다시피 저는 본부 내 전 지점의 정보 미팅에 하나하나 처음부터 끝까지 참석하고 있습니다. 그 과정에서 우리 지점장들의 상품 지식이나 정보력, 강의력이 대단히 강하다는 것을 느꼈습니다.

그러한 지점 각각의 강점이 지금은 사일로처럼 그 지점에 머물러 있어 정말 안타깝게 여기다 이를 오히려 강점화하는 프로세스를 만들어보자고 생각했지요.

그중 하나가 얼마 전 '44개 지점장에게 조언을 듣고 싶은 내용'을 제출해달라고 한 것입니다.

곧 배포되겠지만 우리가 개별적으로 또는 한정적으로 회의하거나 토론했던 내용과 주제는 많이 겹치지만 하나하나 들어가 보면 매우 세밀한 부분이 언급되어 있어, 우리가 이것들을 잘 활용하면 정말 깊이 있는 전략을 세우고 실행할 수 있겠다는 생각이 들었습니다.

거기에 사업부 단위 또는 사업부 내에서 교차 정보 미팅을 진행하면 지점장과 플래너들은 교차 정보 미팅 수만큼 다양한 정보를 주고받을 수 있으니, 일석이조가 아니라 일석다조가 될 것이라 생각합니다.

정보의 교류는 같은 자원으로 교류의 수만큼 배가되는 엄청나게 효율적인 방법입니다.

모두가 적극적으로 참여해 우리 모두 함께 성장해나가도록 합시다.

고맙습니다.

운이 좋았거나 어설픈 기존 플래너(13~36차월)

'44개 지점장에게 조언을 듣고 싶은 내용' 중에는 신인 도입, 정착 등에서 일어나는 문제들에 조언을 구하고 싶다는 내용이 많았다.

아무리 많이 토론했다고 하더라도 사람 간 관계다보니 어쩌면 사람의 숫자만큼 특이한 일이 계속 생기기 때문일 것이다. 그리고 그동안 수면 아래 있던 이슈가 공론화되는 계기가 마련되기도 했다.

이번 기회에 이 문제를 잘 짚고 넘어가기 위해 본부 스태프와 이야기를 나눴다.

"L 부장, 이번 지점장 설문에서 '운이 좋았거나 어설픈 기존 플래너' 언급이 꽤 나온 것 같은데?"

내가 종종 입사 13차월에서 36차월에 속하는 플래너들을 별명으로 부르는 이름이었다.

"네, 본부장님이 그렇게 많이 부르셨죠."

개척 영업은 신입 플래너들이 입사 후 육성실에서 4개월 지낸 후 지점으로 가면서 생기는 관리 공백을 개척팀을 운영해 자연스럽게 메워주는 역할을 해주었다.

또한 기존 플래너들은 일반 영업팀에 속해 자신의 영업을 자유롭게 하는 형태라 신입과 기존이 모두 정리된 것처럼 보였지만 자세히 살펴보면 거기에도 빈 부분이 있는데, 그 부분이 바로 13차월에서 36차월에 걸쳐 있는 플래너들이었다.

"사실 입사 후 영업력이 뛰어나 연도 시상에서 신인상도 받고 대형 플래너로 발돋움하는 플래너도 있지만 많은 플래너가 제자리를 잡기는 어려운 상태입니다."

"교육을 강화한다고 하지 않았나?"

"네, 교육도 전보다 다양하게 만들었지만 참석률이 높지 않습니다."

"내가 그런 별명을 붙인 이유는 기존 베테랑 플래너처럼 타사 상품까지 꿰뚫지도 못하고, 그렇다고 신입 플래너처럼 팀장에게 일일이 도와달라고 하지도 못하고, 그러면서도 연차가 있으니 그런 상황이라고 말도 못 해서잖아?"

"맞습니다. 회사의 교육 프로그램도 현실적인 부분 때문에 신입에 상당히 몰려 있고, 2년 차 이후는 모두 기존 플래너 취급을 해서 베테랑을 따라갈 수 없는 문제가 있습니다."

"그래서 여러 지점장이 이 부분에 대한 아이디어를 얻고자 쓴 것 아닌가? 나는 이미 그걸 해결하는 사업부가 있다고 생각하는데?"

"사업부에서요?"

"얼마 전 K 사업부장이 나한테 이런 아쉬움을 이야기하더라고?"

"K 사업부장이 어떤?"

"지금 신인들이 육성실 이후 개척팀에서 활동을 잘하는데, 벌써 12차월이 되어 걱정이라고."

"그 말은 저도 들었습니다."

"그것이 왜 걱정일까?"

"그동안 개척팀에 있으면서 교육도 체계적으로 받고 같이 활동하는 사람들과 경험을 주고받으면서 많이 의지했는데, 이제 일반 팀으로 가면 진짜 홀로서기를 해야 하니 걱정이 많은 것 같습니다."

"그러면 팀을 또 만들면 되잖아?"

"팀을요? 개척팀을요?"

"13차월 이상 36차월 이하 플래너 중에서 개척하고 싶은 플래너만으로 팀을 구성해주면 무슨 문제가 있을까?"

"아, 그 생각은 해보지 않았는데, 문제 있어 보이지는 않는데요."

"어차피 사업부는 그 '운이 좋았거나 어설픈 기존 플래너'의 활동량 저하가 문제였고, 나아가 기존 플래너를 대상으로 하는 교육 참여도도 떨어지는 상황에서 원하는 플래너들로 사업부 단위로 개척팀을 만들면 일석이조 아닌가?"

"네, 충분히 타당성 있습니다. 사업부에 가면 그분들이 신인들만 챙기지 말고 자신들에게도 기회를 달라는 말씀을 많이 하셨거든요."

"바로 그거야. 개척 영업이 결코 쉽지 않지만 신인들이 개척 활동을 하면서 활동량이 늘어가는 걸 옆에서 지켜보니 자신도 그렇게 할 수 있겠다는 생각이 들었던 거지."

"네, 그럼 각 사업부장과 상의해서 원하는 사업부는 추가로 개척팀을 만들어 운영하도록 전달하겠습니다."

또 하나의 퍼즐이 맞춰진 느낌이었다.

온라인의 공세를 넘어서려면
직접 온라인 기능을 가져라

우리는 매번 해왔던 것에 익숙해 과거에 했던 것만 답인 줄 안다. 그로 인해 새로운 시도를 할 때 범위를 축소하거나 방해 역할을 하기까지 한다.

그래서 나는 『일본 전산 이야기』에서 나가모리 시게노부가 말한 "즉시, 반드시, 될 때까지"라는 표현을 좋아한다.

과거에 그런 일이 성공하거나 실패했더라도 혹은 안 해본 일이라도 좌고우면하지 말고 즉시 하라는 것이다. 그렇게 하다보면 안 보이던 방법도 보이고, 시작했으면 반드시, 될 때까지 하라는 것이다. 반드시, 될 때까지 하면 안 되는 일은 없기 때문이다. 하지만 현장에선 늘 문제가 발생하고, 나아가 새로운 환경이 시작될 때마다 저항에 부딪힌다.

회사는 플래너가 대고객 업무를 현장에서 즉시 할 수 있도록 시스템을 개발했다. 플래너가 태블릿 PC로 고객 앞에서 직접 계약 설계도 하고, 요건이 변경되면 다시 사무실에 들어와 변경된 서류를 작성하는 불편함을 없애도록 현장에서 바로 처리하는 시스템을 개발한 것이다.

나아가 전산으로 자필 서명을 받음으로써 고객과 플래너 모두에게 편리성과 정확성을 확보할 수 있었다. 그러나 플래너들은 이런 기능을 하는 태블릿 PC를 구입하는 데 상당히 부정적이었다.

아무리 좋은 시스템도 사용해야 할 플래너가 사용하지 않으면 무용지물이 되고 만다. 구입을 주저하는 이유는 명확했다.

과거에도 회사에서 이런 새로운 시스템이 영업 활동에 도움이 된다고 해서 노트북을 구입했는데, 불편한 점이 많아 잘 활용하지 않고 책상 속에서 잠자고 있다는 것이었다.

정책에 대한 불신은 조직 문화에 심각한 영향을 주며 백약이 무효다. 그래서 이번에는 본부장이 전면에 나서서 답을 찾겠다고 했다.

본부의 육성 리더, 즉 영업팀장, FM 팀장은 물론 대형 플래너까지 참석하는 교육 프로그램을 만들도록 했다.

그리고 본부에 온 이후 많은 인사말을 했지만 이번엔 아예 PPT를 준비해 직접 강의 형식으로 진행할 예정이니, 가능한 모든 대상자가 참석할 수 있도록 전달하라고 했다.

예정된 교육일이 되어 200여 명의 참석자가 빽빽하게 앉아 있는 강의실에 들어섰다.

그동안 개별 접촉을 많이 해서 그런지 참석자들의 표정이 그리 나쁘지 않았다.

여러분 안녕하세요?

오늘은 특별히 파워포인트로 만든 자료를 보면서 말씀드리려고 합니다.

여러분, 말을 타고 싸우는 기병과 걸어다니면서 싸우는 보병이 전투하면 누가 이길까요?

이건 불문가지죠? 하하.

당연히 말을 탄 기병이 훨씬 위력적이겠지요.

그러면 기병 한 명은 보병 몇 명 정도를 상대할 수 있을까요?

과거 병법가들은 기병 한 명이 보병 네 명을 상대할 수 있다고 했습니다.

더 세부적으로는 기병 한 명이 평지에선 다섯 명, 비탈길에선 두 명을 상대할 수 있다고 이야기합니다.

일반론적 이론이다보니 전투에 나갔을 때 상대편 군사를 기병과 보병으로 파악한 후 이런 환산을 통해 세를 판단하는 용도로 쓰이기도 했습니다.

고려 말 이야기를 해보겠습니다.

당시 고려는 북방의 몽골과 남쪽의 왜구에 끊임없이 시달렸습니다.

그때 몽골의 나하추가 함흥이 있는 동북면으로 대군을 이끌고 쳐들어왔습니다.

그 지역을 누가 지키고 있었을까요?

네, 아버지 이자춘이 죽고 약관의 나이에 자리를 물려받은 이성계가 있었습니다.

군사력은 비교하기 힘들 정도로 차이가 났지요.

결국 어떻게 되었을까요?

나하추의 군대는 거의 섬멸되고 나하추는 소수의 병력만 데리고 도주합니다.

그런 일이 어떻게 일어났을까요?

여러 전투가 있었지만 기병과의 이야기를 해보죠.

숫자상으로 열세였던 이성계의 군대는 쫓겨 산 위쪽으로 올라갔고 나하추 군대가 아래에서 추격하는 형국이었습니다.

앞서 이야기한 바에 따르면 기병 한 명이 보병 네 명을 상대하지만 비탈길에서는 길이 좁고 기울어져 두 명밖에 상대하지 못한다고 했지요.

그런데 이성계는 전혀 다른 생각을 했습니다.

이성계와 휘하 기병들은 위에서 아래로 내려가는 기울기를 이용해 무서운 속도로 치고 내려가면서 평지의 절반이란 전투력을 오히려 10배 20배로 배가시켜 일순간에 전세를 장악해버린 겁니다.

나중에 나하추는 고려와 화친을 맺고 우호관계를 유지했는데, 고려가 사신을 파견하자 이성계의 안부를 묻고는 젊은 장군이 용병의 신이라고 극찬했다지요.

우리는 여기서 무엇을 배울 수 있을까요?

한마디로 혁신입니다.

모두가 기병 한 명이 보병 네 명을 상대할 수 있고, 특히 비탈길에서는 기병이 제 역할을 할 수 없기에 두 명이라고 했지만 이성계는 위에서 내려오는 파괴적인 속도로 두 명이 아닌 열 명, 스무 명으로 바꾸어버린 것입니다. 이것이 바로 혁신입니다.

혁신은 이렇게 판세 자체를 완전히 바꾸어놓습니다. 그 혁신은 한 가지가 아닙니다. 생각일 수도 있고 기술일 수도 있고 기계일 수도 있습니다.

우리를 둘러싸고 있는 환경이 매우 빠르게 변하고 있습니다.

특히 온라인 시장은 정보와 데이터의 집적을 통해 고객 개개인의 특성에 맞는 상품을 제공하겠다고 합니다.

그렇다면 우리는 온라인 시장에 어떻게 맞서야 할까요?

제가 이성계의 혁신을 가져온 이유가 여기에 있습니다.

온라인이 정보에 강할까요, 여러분이 정보에 강할까요?

좀 더 구체적으로 질문해보겠습니다.

여러분의 고객에 대해 온라인이 더 많은 정보를 가지고 있을까요, 아니면 여러분이 더 가지고 있을까요?

온라인은 모든 것이 데이터로 움직입니다. 온라인은 여러 제휴나 협업을 통해 축적한 더 정확한 데이터를 더 많이 가지고 있는 것처럼 보입니다.

그러나 그들이 절대 가지지 못한 것을 우리는 가지고 있습니다. 우리는 발로 뛰고 대면을 통해 오감으로 만들어진 고객의 고유 정보를 가지고 있잖아요. 이 두 가지를 비교하면 답은 명확합니다.

온라인은 플래너의 오감으로 얻은 정보를 갖고 있지 않으며, 아마도 상당히 오랜 시간 가질 수 없을 겁니다. 온라인으로는 거의 불가능한 부분입니다.

반면에 우리는 온라인이 자랑하는 데이터를 가질 수 있을까요? 우리가 알고 있는 것들을 취합해 데이터화하면 가능하겠지요.

여기에 답이 있습니다.

이런 것들을 데이터화해 고객에게 필요한 부분을 더 정확하게 제시한다면, 이성계가 기병의 역량을 열 배, 스무 배로 만든 것처럼 우리도 혁신을 이룰 수 있다는 겁니다.

예컨대, 태블릿 PC로 전자서명을 하면 곧바로 데이터화되면서 업무 효율은 물론 그 자체가 신뢰를 높이는 역할을 할 것입니다.

이런 것들, 즉 플래너만이 만들어낼 수 있는 데이터들이 집적되는 통로가 태블릿 PC입니다.

여러분이 과거 노트북을 사용할 때 불편했던 점 때문에 태블릿 PC 구입을 주저한다고 들었습니다. 아쉬운 점이 있긴 하지만, 이 시스템들은 우리가 사용해 데이터가 쌓이면 점점 더 강화될 것입니다.

특히 온라인이 가지지 못한 고객과의 직접 접촉에 의한 많은 유무형 관계는 그것이 데이터화되면서 과거와 다른 혁신을 이룰 것입니다.

혁신은 우리 손에 달려 있습니다.

고맙습니다.

2000년 보험 산업에 온라인이 도입되던 때, 나는 인터넷 마케

팅부장으로서 홈페이지 등을 운영하고 많은 온라인 업체와 제휴해나갔다. 그러나 온라인 업체들과의 접촉만큼 중요하게 생각했던 채널이 플래너 채널이었다. 그래서 당시 전국 본부를 돌면서 강의했다.

강의 내용은 아주 단순했다.

플래너 여러분은 온라인 시장이 어떤 면에서 두려운가? 가격 때문인가?

표현을 달리해보겠다.

여러분은 온라인에 비해 고객과의 친밀도가 강점이라고 말하지만, 자동차보험 가입자를 계약 후 만기까지 얼마나 자주 만나는가?

한 번? 두 번? 세 번?

그러면 온라인은 어떨 것 같은가?

온라인 채널은 이메일을 통해 거의 무한대로 접촉 기회를 갖는다.

그렇다면 여러분이 고객과 친밀도가 더 높다고 장담할 수 있을까?

나는 그렇지 않다고 본다.

그러면 어떻게 해야 할까?

답은 간단하다.

온라인으로 접근하는 활동을 추가하면 온라인보다 관계관리를 더 잘할 수 있다.

이메일을 이용하든 개인 홈페이지를 이용하든.

당시 접근 방법을 지금도 그대로 적용할 수 있다. 온라인은 그 당시보다 훨씬 다양한 기술로 고객에게 접근한다. 따라서 플래너도 수작업으로 하면서 오류가 생기거나 자료화되지 못하는 부분을 전산화하도록 태블릿 PC로 활동 및 관리 시스템을 만든 것이다.

또한 회사에서는 분기마다 고객에게 우편으로 여러 정보를 보내는데, 플래너 이름으로 송부해 고객을 관리하도록 서비스를 개발했다.

그러나 아무리 좋은 고객관리 시스템이라 하더라도 플래너들이 필요성을 인식하지 못한다면 무용지물일 뿐이다. 시스템의 실효성을 깨닫고 적극적으로 활용해야 고객관리는 물론 데이터가 지속적으로 축적되며 더 효과적인 시스템이 개발되고 활용되는 선순환 구조를 갖추게 된다.

이런 중차대한 문제였기에 본부장이 PPT 자료까지 만들어 직접 플래너들과 대화한 것이다.

그런 노력이 어느 정도 효과 있었는지 태블릿 PC 활용이나 고객관리 우편 활용이 회사 기준 상위에 올라갔다.

본질과 '고슴도치와 여우'

허름한 식당에서 지점장과 마주 앉아 점심 식사를 했다.

지점장과 식사 약속을 하면 절대 고급 음식점은 안 되며 지점장이 먹고 싶은 음식을 잘하는 지점 근처 식당으로 예약한 뒤 통보해달라고 당부했다.

그러다보니 경인 지역 지점 근처 식당을 골고루 방문하게 되었고, 항상 어떤 음식일까 궁금증이 생겨 소소한 즐거움으로 작용했다.

마주하고 식사하면 일과 관련 없는 이야기로 시작해, 어떤 때는 강아지 이야기가 대화의 90%나 된 적도 있다.

지점장이 오히려 업무 관련 이야기를 먼저 꺼내는 경우도 많았다.

오늘도 그런 분위기였다.

"본부장님, 궁금한 점이 있는데요?"

"응, 뭔데?"

"식사는 괜찮으셨습니까?"

"엉, 세상에서 제일 맛있었어, 하하."

"어쨌든 다행입니다."

"그게 질문이야?"

"아니요, 그건 예의상 말씀드린 거고요, 하하."

"그래, 그럼 예의에서 벗어난 질문을 해봐, 하하."

"진짜 궁금해서 그러는데, 여기 본부장으로 오실 때 어떻게 하겠다는 걸 다 계획하셨나요?"

"그게 무슨 말이야? 내가 영업 현장을 떠난 지 20년이나 되어 현장의 세세한 부분을 모른다고 말했는데, 그런 계획이 가능했겠어?"

"저도 그렇게 생각하는데, 이해 안 되는 것이 있어서요."

"뭐가 그렇게 이해 안 될까?"

"맨 처음 오셨을 때 조직 육성을 말씀하시면서 활동의 80%를 조직 육성에 쏟아붓자고 하셨잖아요?"

"그랬지?"

"그러면서 3개월 내리 신인 도입만 말씀하셨고요."

"그것이 선행 지표라고 모두 동의했으니까."

"그러곤 그다음에 신인 도입 선행 지표는 정착이라면서 정착 이야기만 하셨어요."

"그것도 나 혼자 말한 것이 아니라 다들 공감했던 것 아닌가?"

"맞습니다. 그러시더니 정착을 위해 10콜, 소개 영업을 말씀하시다가 결국 개척팀을 만드셨잖아요."

"그렇긴 하지만 그것도 다 사업부에서 한 거잖아."

"네, 결국 모든 사업부가 다 하게 되었는데, 그다음엔 증권 분석을 하도록 하셨지요."

"그건 현장의 내용과 통계자료 발표로 너무 명확한 시장 상황이었으니까."

"네, 결국 신인 도입에서 시작해 정착, 개척, 증권 분석으로 이어지는 일들이 마치 미리 짜인 레고처럼 순서대로 진행되었는데, 아무리 생각해도 준비된 청사진이 없었다면 가능했을까 하는 생각이 든다는 것이지요. 아니면 천재든가."

"뭐라고? 우하하! 천재가 다 죽었네, 하하."

"그래서 이해가 안 된다는 겁니다. 한두 단계야 그럴 수 있지만 하나가 정리될 즈음 그에 딱 맞는 선행 지표로 전환하시고, 이런 상황이 계속 반복되다보니 저희 지점장들이 모이면 매번 본부장님께 이 질문을 해보자고 했거든요."

"나는 이미 그 방법을 여러 차례 이야기했거든?"

"벌써 말씀하셨다고요?"

"그래. 내가 콘퍼런스 때 한 말 기억 안 나나?"

"매달 콘퍼런스 때 완전히 다른 사례를 가지고 이야기하시니까, 어떤 걸 말씀하시는지 잘 모르겠는데요?"

"그럴 수도 있겠네, 하하. 그럼 고슴도치와 여우라고 하면 기억 나겠지?"

"아, 그건 잊을 수가 없지요. 동화책에서도 철저하게 고슴도치가 답이라고 했고 경영 서적에서도 핵심 역량이란 표현으로 고슴도치가 되어야 한다고 강조한 그 철칙을 여지없이 깨버리셨잖아요."

"내가 깬 건 아니지, 하하. 여하튼 나는 그 원리에 맞게, 즉 큰 방향은 통계나 드러난 사실을 토대로 잡은 거지. 회의의 80%가 조직 육성이었으니 테마가 쉽게 잡혔잖아. 그러고 난 뒤 내용을 살펴보니 조직 육성이란 테마가 너무 커서 그중 선행 지표를 찾다보니 신인 도입을 한 것이고. 그런데 신인 도입을 계속 파고 보니 그 앞에 정착이 있었잖아. 이런 과정에서 모두 고슴도치처럼 한번 정해놓은 것에 얽매이지 않고, 지속적으로 왜라는 질문, 즉 본질을 찾으려는 노력을 했잖아. 그랬더니 본질에 맞는 테마를 찾을 수 있었고, 우리는 여우처럼 재빨리 그 테마로 옮겨 그 문제를 해결하려고 노력해왔지."

"아, 그러고 보니 본질과 고슴도치와 여우가 우리를 여기까지 끌고 온 거네요."

"맞아, 그런 것을 처음부터 생각하고 한 게 아냐. 그걸 알고 한다는 것 자체가 불가능한 일이지. 왜냐하면 세상은 순수 진공상태가 아니기 때문에 사전에 아무리 좋은 계획을 세운다 하더라도 환경과 여건이 달라지면 그런 계획은 무용지물이 되고 말지. 반면 본질과 고슴도치와 여우를 생각하면서, 내 앞의 일도 최선의 방법을 찾아 실행하다보면 마치 레고로 조립하듯 다음에 해야 할 일이 명확하게 나타나고, 또 그 순서대로 하다 보면 가장 바람직한 길을 걷게 되는 거지."

본사에서 만드는 정책은 매우 중요하다. 전국의 영업 조직이 제대로 방향을 잡아야 하기 때문이다. 그러나 같은 이유로 다양한 현장의 환경에 모두 맞도록 세세하게 정책을 만들 수는 없다.

따라서 큰 방향이 정해지면 현장에서는 허용된 범위에서 최대한 유연성과 디테일을 발휘해야 하는 것이다.

신인 도입, 면담, 정보 미팅, 교육, 팀 운영 등은 본부의 수만큼, 아니 지점의 수만큼 다양한 환경에 놓여 있다. 따라서 현장 관리자와 플래너들은 자기 상황에 맞게 끊임없이 혁신을 해나가야 하는 것이다.

경인본부에 부임한 지 1년 6개월 만에 예상치 못하게 발령이 났다. 아직 하고 싶고 해야 할 일이 많지만, 떠날 수밖에 없는 상황이 되었다.

1년 6개월 전 부임했을 때 직원들에게 보낸 이메일을 열어보았다.

"누구나 이곳에서 일하고 싶고 행복감을 느낄 수 있는 그런 최고의 본부가 되기를 희망합니다."

이것이 나의 일성이었다.

그리고 시간이 흐른 지금, 직원들은 경인본부에 있는 것이 행복하고 자랑스럽다고 말한다.

어떻게 이런 결과가 만들어졌을까?

나는 '여우'라는 '문화'가 자리 잡았기 때문이라고 생각한다.

다른 분야와 마찬가지로 보험을 둘러싼 환경, 즉 IFRS17, 인슈

어테크, 채널 다양화 등 과거에 경험하지 못한 변화의 파고가 그 어느 때보다 높고 크게 닥쳐오고 있다.

이런 변화하는 환경에서 고정된 사고방식, 즉 조직이 중요하다고 하면서 신인 합격자 목표달성에만 매달리거나, 영업은 플래너가 하는 것이고 점포장은 실적 관리를 하는 사람이라는 경직된 생각에 얽매어 그저 시책으로 실적만 챙기려고 하면, 어느 순간부터 현장의 목소리는 사라지고 현실과 동떨어진 정책만 난무하게 된다.

그 결과 아무리 정책을 세워도 보험사의 굴레가 되어 있는 대량 증원 대량 탈락이라든가, 부실 계약으로 인한 소비자 신뢰도 문제가 계속해서 제기되고 정책은 구호에 그치고 만다.

보험영업을 조금이라도 아는 사람이라면 신인 도입과 정착, 면담이 어떤 의미인지 모르지 않는다.

중요한 것은 그에 대한 회사의 정책과 제도가 현장으로 가면서 다양한 형태로 전개되어야 하는데 오직 고슴도치처럼 원론적인 방식에만 머물면서 정책 따로 현장 따로인 상황이 벌어지곤 한다.

예컨대 합격자는 많은데 입사 인원은 왜 적은지, 상품을 잘 알면서도 정착이 안 되는 이유는 무엇인지, 분명히 교육했는데 왜 그대로 실행되지 않는지 등의 문제는 정책이나 제도의 하자 때문에 생긴 것이 아니다.

보험영업이란 특성상 다양한 환경과 변화에 노출되어 있으니 늘 현장에서 답을 찾으려 노력해야 한다. 따라서 고슴도치의 방법이 아닌 여우의 방법이 필요한 것이다.

처음 부임해서부터 실적이라는 결과에 주목하지 않고 실적에 선행하여 움직이는 활동이 무엇인지 찾아가는 새로운 방식의 회의와 활동을 주문하는 등 과거와 완전히 다른 방식을 펼쳐 직원들이 많이 당황한 것이 사실이다.

우리 앞에 놓인 일이나 문제에 대해 일방적인 지시나 질책을 하기보다 질문을 통한 본질 찾기로 바꾸며 습관처럼 해온 방식의 문제점을 찾아내기 시작했다.

신인 도입과 면담, 정착, 개척, 증권 분석 등 본질적 접근을 통해 실적 향상, 정착률 향상, 유지율 향상 등 보험 현장의 양과 질을 함께 잡을 수 있었다. 이런 결과물들을 찾고 만들어낸 경인본부 직원들이 자랑스럽다.

1년 6개월이라는 길지 않은 시간을 경인지역본부에서 보냈다. 현장이란 유수한 회사가 성공했다고 하는 똑똑한 하나의 정책이나 제도에 의해 쉽게 만들어지는 것이 아니라, 그 속에서 끊임없이 관찰하고 생각하고 실행함으로써 답을 찾을 수 있으며 그런 것들이 '문화'로 형성되면 어떤 변화가 닥쳐도 바른길을 갈 수 있음을 확인할 수 있었다.

문화는 아침 식사로 전략을 먹는다.
_피터 드러커

참고자료

『일본전산 이야기』, 김성호, 쌤앤파커스, 2009.

『칭기스 칸, 잠든 유럽을 깨우다』, 잭 웨더포드, 사계절, 2005.

『세상의 모든 혁신은 전쟁에서 탄생했다』, 임용한, 교보문고, 2014.

『신호와 소음』, 네이트 실버, 더 퀘스트, 2014.

『나무에게 배운다』, 니시오카 쓰네카즈, 상추쌈, 2013.

『다윗과 골리앗』, 말콤 글래드웰, 21세기북스, 2014.

『리더는 사람을 버리지 않는다』, 김성근, 이와우, 2013.

현장중심형 영업관리

초판 1쇄 발행 2020년 5월 15일
초판 2쇄 발행 2020년 7월 20일

지 은 이 김종선
발 행 인 김종립
발 행 처 KMAC
편 집 장 김종운
책임편집 최주한
홍보·마케팅 김선정, 박예진, 이동언
디 자 인 이든디자인
출판등록 1991년 10월 15일 제1991-000016호
주　　소 서울 영등포구 여의공원로 101, 8층
문의전화 02-3786-0752 **팩스** 02-3786-0107
홈페이지 http://kmacbook.kmac.co.kr

ⓒKMAC, 2020
ISBN 978-89-90701-33-6 93320

값 14,500원
잘못된 책은 바꾸어 드립니다.

이 도서의 국립중앙도서관 출판예정도서목록(CIP)은 서지정보유통지원시스템 홈페이지(http://seoji.nl.go.kr)와
국가자료공동목록시스템(http://www.nl.go.kr/kolisnet)에서 이용하실 수 있습니다.(CIP제어번호:CIP2020018161)